AF359548

NOUVEAUX ÉLÉMENS D'ARCHITECTURE,

DÉDIÉS A MONSEIGNEUR

LE LIEUTENANT-GÉNÉRAL

DE POLICE,

Par le Sieur PANSERON, Professeur d'Architecture, Ancien Professeur de Dessin à l'Ecole Royale Militaire.

SECONDE PARTIE.

Nous avons traité dans la premiere Partie des cinq Ordres *d'Architecture :* nous allons parler dans cette seconde, de la *Sculpture*, relativement à *l'Architecture :* nous exposerons d'abord l'Origine de la *Sculpture* & de la *Peinture :* nous tracerons ensuite l'Histoire de leurs progrès & de leurs différentes révolutions.

Les premiere & seconde Parties se vendent à Paris chez l'Auteur, Cul-de-sac Sainte-Marine, Maison de M. Prestat, Garnisseur du Roi. Et chez DESNOS, Libraire, Ingénieur-Géographe du Roi de Danemark, rue Saint Jacques, au Globe.

M. DCC. LXXIII.

Avec Approbation, & Privilége du Roi.

NOUVEAUX
ELÉMENS
D'ARCHITECTURE.

ORIGINE DE LA SCULPTURE.

L'HOMME naturellement imitateur, a cherché de bonne heure l'Art d'imiter les objets que lui offroit le Spectacle de la Nature. Les premiers essais furent très-grossiers, & faute de certaines connoissances mathématiques, les premiers Artistes s'accoutumerent à conduire l'Opération de la main seulement par le secours de l'œil. Le charbon, la pierre tendre leur fournirent les moyens de dessiner sur le bois, ou toute autre surface ; ensuite, en considérant la forme qu'acquéroient certains Corps mous, en s'insinuant dans les cavités des matieres solides, ils parvinrent à l'idée des Moules. On moula donc l'Argille, le Plâtre, &c. Le desir de donner plus de solidité à leurs productions, leur fit employer le bois & les minéraux. Ainsi l'Art de modeler la Terre, apprit à faire un relief des Figures en Bois, en Marbre & en Bronze ; & quoiqu'il paroisse que les progrès de cet Art ayent dû être fort lents, il est certain que les premiers Peuples n'ont pas tardé à le connoître : l'idolâtrie profita la premiere de ces progrès ; son culte remonte à la plus grande Antiquité chez les Peuples de l'ASIE & de l'EGYPTE ; mais les *Statues* de ces Peuples n'étoient que des Colosses ; celle de SÉSOSTRICE, selon *Diodore,* & celle de la REINE,

A ij

toutes deux placées devant le *Temple* de VULCAIN, étoient d'une feule pierre , & portoient trente - deux coudées (*a*) de hauteur. Les ISRAÉLITES fondirent le *Veau d'or*, MOÏSE plaça aux deux extrémités de *l'Arche d'Alliance* deux Chérubins de même matiere.

Le Palais *d'Alcinoüs* , felon *Homere* , contenoit plufieurs *Statues* de métal qui portoient des torches pour éclairer pendant la nuit l'intérieur de ce Palais. *Paufanias* nous apprend qu'on voyoit de fon temps dans la ville *d'Argos* , un JUPITER en bois qui paffoit pour avoir été trouvé dans le Palais de PRIAM , lorfque *Troyes* fut prife : que l'on montroit à *Athènes* une *Statue* de MINERVE en bois , donnée à ce Peuple par CECROPS ; que ce Souverain introduifit dans les *Temples* de la GRECE , l'ufage des Simulachres.

Les Ouvrages de *Sculpture* que les *Grecs* firent pendant quelque temps , fe reffentirent de la maniere Egyptienne Contents de fuivre les Modeles de leurs prédéceffeurs , ils ne faifoient gueres que des Figures gigantefques , dont les bras attachés aux corps , les jambes & les pieds joints enfemble , étoient fans variété , fans mouvement, fans action. Leurs *Simulacres* , au rapport de *Lucain* , de *Juftin* , de *Plutarque* & de *Paufanias* , n'étoient compofés que de pierres feulement dégroffies & taillées fans goût. *L'Idole* même de JUNON , fi révérée chez les Argiens , n'étoit , dans fon origine , qu'un morceau de bois taillé fans art , femblable à celles que les *Lapons* , les *Samoyedes* , & les autres Peuples fitués vers les extrémités du Nord , font encore aujourd'hui. Ce ne fut que plus de 300 ans après CECROPS , que les Artiftes *Grecs* commencerent à reconnoître la difformité des anciennes *Statues* , à quitter la coutume des *Egyptiens* , à imiter dans leurs Ouvrages les beautés de la Nature , à donner à leurs Têtes cette belle expreffion ; enfin , à toutes leurs Figures cette fupériorité , cette touche , cette élégance & cette fineffe inconnues jufqu'alors.

Ce font donc ces Peuples , qui , après avoir découvert les proportions de *l'Architecture* , fçurent auffi faire refpirer le Bronze , & donner la vie au Marbre. Ce fut chez eux que PROMETHEE excella tellement dans cet Art divin , qu'on prétendit qu'il avoit volé le feu du Ciel , ayant fait , pour ainfi dire , un homme vivant avec de l'Argille. Ce fut chez eux que DEDALE fçut donner à fes *Statues* l'attitude d'un homme qui eft en mouvement , & que SULMIS où SCELIMIS brilla en même temps dans *Samos* , où il fit cette fameufe *Statue* de JUNON , l'un des chefs-d'œuvre de la belle anti-

----

(*a*) La coudée étoit d'un pied & demi.

quité. Ce fut enfin dans cette même Ville, que l'on vit naître l'Appollon Pythien, Figure inimitable : qu'Athènes vit former cette admirable Figure du Gladiateur en action de combattre. Cependant, tant de beautés & de perfections n'étoient encore que l'aurore du beau jour qui devoit briller sous le Gouvernement de PERICLÈS, Génie heureux, Citoyen vraiment estimable, capable de discerner ce qui devoit transmettre à la postérité la gloire de sa Patrie. Ce grand homme fit éclore tous les Talents par la protection dont il les honora, & par l'émulation qu'il sçut inspirer à tous les Esprits. Les circonstances du temps favoriserent ses vues utiles. Les Victoires remportées sur les *Perses*, échaufferent l'imagination des vainqueurs. L'abondance & la paix, dignes fruits de ses conquêtes, amenerent l'aisance & le loisir si nécessaires aux beaux Arts, & assurerent à jamais la gloire de la *Sculpture*. Les Successeurs de cet illustre Chef des *Grecs*, les *Alcibiades*, les *Pausanias* à *Athènes*, les *Lysandres*, les *Agésilas* à *Lacédémone*, les *Epamirondas* à *Thèbes*, les *Denis* à *Siracuse* ; & enfin, ALEXANDRE LE GRAND, imiterent un si bel exemple, encouragerent les *Artistes*, & leur faciliterent des succès constants & multipliés.

Les exercices du corps, si fort en usage chez ces Peuples, les *Courses* des *Chars*, la *Lutte*, le *Pugilat*, tant d'autres jeux célébrés avec éclat dans plusieurs Villes de *l'Attique* & du *Péloponese*, objet de l'émulation publique, fournirent encore aux *Sculpteurs* de nouveaux moyens de se perfectionner. Les occasions qu'ils eurent par-là d'étudier sur le nud, d'épier & de surprendre la nature dans tant de diverses attitudes, leur offrant une suite d'excellens Modeles, contribuerent infiniment aux progrès rapides de l'Art; formerent un nombre prodigieux de Maîtres du premier mérite, & produisirent ces *Statues* merveilleuses, dont la GRECE se vit remplie, & dont les restes précieux font encore l'étonnement des Connoisseurs, & l'étude profonde de nos Artistes.

PHIDIAS, par son JUPITER *Olimpien*, & la *Statue* de MINERVE qu'on nomma la *Santé*, disputa & remporta le prix sur tous ses Rivaux, & ouvrit à ses Successeurs le chemin de l'immortalité. LYSIPE mérita d'être préféré à ses Contemporains, pour avoir modelé & jetté en Moule la *Statue* du Vainqueur de l'ASIE. Cette belle VENUS qui fait une des principales curiosités de la gallerie de *Florence*, sortit des mains d'APPOLODORE ; la Venus de *Guide* par PRAXITELLES, n'est pas moins admirable, quoiqu'on ait donné la préférence à la même *Venus* par SCOPAS. PRAXITELLES & PHIDIAS lutterent ensemble. Les deux Figures d'ALEXANDRE domptant *Bu*-

cephale, que l'on voit à *Rome* sur le mont *Quirinal*, sont des témoignages de l'émulation des *Artistes* chez les *Grecs*. La Niobée mourante avec ses Enfans est attribuée à PRAXITELLES ou à SCOPAS. THIMOMACHUS s'est immortalisé par cette Medée immolée avec ses Enfans, dont une épigramme Grecque nous a transmis la mémoire.

Le LAOCOON, cette merveille de l'Art, conservé au *Vatican*, ne seroit-il pas seul capable de faire honneur à la GRECE ? Peut-on contempler ce chef-d'œuvre sans être saisi d'horreur & d'admiration ? Que dire encore de la description que les Historiens nous donnent du fameux Tombeau de MAUSOLE, dont BRIAXISTHIMOTE & LÉOCHARES avoient fait des *Sculptures* célebres ; sans parler des Figures Colossalles de l'APOLLON & du JUPITER déja cités ; du Colosse de RHODES.

Tant d'Ouvrages exécutés chez ces Peuples, nous font de sûrs garants que l'invention & l'exécution ont été poussées chez eux à un dégré de supériorité qui a pu être imité, mais qui ne sera jamais surpassé.

Au reste, sans vouloir faire l'énumération de toutes les merveilles que la GRECE possédoit en ce genre, & pour nous rapprocher de notre objet, contentons nous de rappeller la gloire immortelle que CALLIMAQUE s'est assurée par la découverte du Chapiteau Corinthien, Ouvrage admirable, & qui n'a souffert aucun changement jusqu'à nous, que par la négligence ou l'incapacité de quelques-uns de nos Artistes.

Ce regne des beaux Arts eut cependant une assez courte durée. Les revers les plus funestes, éclipserent bientôt la splendeur des Grecs. Subjugués à leur tour, comme ils avoient subjugué les autres, ils virent leur pays rangé au nombre des provinces Romaines. *Rome* s'enrichit de leurs trésors, & s'embellit de leurs Ornemens. Esclaves des Romains, privés de toute émulation, ils furent peu jaloux de travailler pour la gloire de leurs Vainqueurs. Leur génie affaissé, sous le poids de la servitude, s'avilit avec leurs sentimens, & les Arts ennemis de la contrainte, périrent chez eux avec la liberté.

D'un autre côté, les *Romains* possesseurs de tant de Modeles, ne firent pas de grands progrès dans la *Sculpture*, leur ardeur qui s'étoit soutenue tant qu'ils eurent à combattre les *Grecs*, se rallentit bientôt dès qu'ils les eurent soumis. Fiers de posséder les Travaux de leurs Esclaves, contens d'en avoir décoré leur Patrie, ils se bornerent à une admiration stérile, & leurs Artistes ne produirent que de foibles copies des excellens Modeles qu'ils avoient sous les yeux. Cet état de langueur dura chez les *Romains*, jusqu'à ce que cette Capitale devenue la proie des *Goths*, eut vu détruire par la fureur de ces Peuples, ce qu'elle avoit enlevé aux Nations affervies. On fit des *Statues* de Marbre & de Bronze à la vérité, mais fans art & fans vie. La *Sculpture* fut réduite pour ainfi dire aux feuls Ornemens: on y mettoit encore de la légereté & de la délicateffe; mais on négligea la convenance dans la compofition, l'ordre dans la diftribution, l'élégance dans les formes. En un mot, on s'éloigna infenfiblement de l'imitation de la belle nature, & on lui fubftitua la fingularité, la prodigalité, la bifarrerie & la difparité; on diroit même que les *Sculpteurs* d'alors ne s'étudioient plus qu'à faire parade du déreglement de leur imagination.

Cette révolution fit long-temps oublier, ou méconnoître les chefs-d'œuvre de l'Art qui avoient échappés à la fureur des Peuples du nord. Mais lorfque les différens Souverains qui s'emparerent de l'Europe, eurent affermi leur domination, & établi les limites de leur empire, le goût commença à percer les ténebres, où tant de barbarie l'avoit enfeveli. On fouilla dans les entrailles de la Terre, & l'on vit les Ouvrages de la Grece fortir des ruines de *Rome*. Les *Statues* & autres Ouvrages de *Sculpture* qu'on en tira, devinrent l'objet de l'ambition de divers Souverains de *l'Italie*, qui voulurent en embellir leurs Palais & leurs Maifons de plaifance.

La France, éclairée par François I, eut les mêmes defirs, & chercha les moyens de les fatisfaire. Ce fut alors qu'on admira à *Fontainebleau*, cette belle Diane chafferefle; & fous Louis XIV, la Venus d'Arles, la Junon de Smirne, & une infinité d'autres Antiques, Ornemens de Verfailles, qui font revivre de nos jours la réputation des Anciens. Les Français & les Italiens, poffeffeurs des richeffes des Grecs, en firent un meilleur ufage que les Romains, & tandis que Michel-Ange fe faifoit admirer dans la nouvelle Rome, Jean Gougon & Pillon furprenoient Paris par des Ouvrages qui avoient été jufqu'alors étrangers à la France. Bientôt les Pujets, les Sarazins, les Girardons, les Coisevox, les Coustoux, attirerent autant d'Amateurs & de Connoiffeurs à Paris, que les Grecs & les Latins en avoient attirés dans Rome. Aujourd'hui, l'Ecole Française, attentive à marcher fur les traces de la belle Antiquité, décore la Capitale & les pays Etrangers, de ces chefs-d'œuvre, & affurent à jamais, par fes productions, la gloire de la Nation, & la profpérité d'un Art fi recommandable.

L'Architecture, fans la Sculpture, eût été feulement réduite à la fûreté, à l'utilité & à la folidité, au lieu que, par fon fecours, les divers Monumens de cet Art, les Edifices publics, les Maifons Royales font embellis par des *Symboles*, des *Allégories*, des

Attributs, des *Statues* & des *Grouppes* de différente espece. Là, des *Vafes*, des *Grottes*, des *Cafcades*, des *Fontaines* attirent les regards, fixent l'attention, & relevent l'éclat de l'ARCHITECTURE qui leur a donné occafion de fe montrer. C'eft par elle enfin, c'eft par fon miniftere qu'on eft parvenu à donner à l'intérieur de nos appartemens, cette élégance enchantereffe qui plaît à tous les yeux, principalement lorfque l'Artifte a pris foin de diftribuer les Ornemens avec art, & de les marier avec intelligence à la PEINTURE dont nous allons parler.

ORIGINE DE LA PEINTURE.

RIVALES l'une de l'autre, la *Peinture* & la *Sculpture* qui empruntent tant de fecours de deffin, ont eu la même Origine, & fe font beaucoup reffemblées dans leur enfance, dans leurs révolutions & dans leurs progrès. La *Peinture* ne fut pas fans doute inconnue aux plus anciens Peuples du monde, elle a vraifemblablement pris naiffance, comme tous les autres Arts, chez les EGYPTIENS, d'où elle a paffé chez les GRECS qui l'ont porté à fa perfection. Quoi qu'il en foit, l'Hiftoire rapporte que l'Amour, qui, tant de fois, a éclairé de fon flambeau, & échauffé de fes feux, le pinceau des *Peintres* les plus célebres, infpira le premier cet Art divin, en apprenant à une Amante paffionnée, le fecret de deffiner les traits de fon Amant. Toujours pleine de fon objet, croyant le voir dans l'Ombre qu'une lumiere projettoit fur un mur; elle fuivit & traça avec un charbon tous les contours linéaires qu'elle remarquoit. La forme d'une Tête fi chere, étant ébauchée par ce moyen, il fut aifé à TIBUTADE fon pere, de fuppléer enfuite la rondeur & le relief, que le trait n'avoit point exprimés.

Après un pareil effai, on parvint fans beaucoup d'effort, en multipliant les lignes, à une imitation complette; & enfin, en ajoutant de la couleur, on forma les premiers élémens de la *Peinture*, dont PLINE attribue l'invention aux EGYPTIENS, ainfi que nous l'avons conjecturé. Cet Auteur prétend que ces Peuples ont connu la *Peinture* 6000 ans avant les Juifs; DIODORE vante le Plafond d'Ofimandes, parfemé d'Etoiles fur un fond *bleu*. Nos Voyageurs, en parlant des ruines des Palais de la haute EGYPTE, vantent le *Coloris* & *l'Entente* des *Peintures* qu'ils y ont remarquées; mais ces Productions font fans doute l'Ouvrage des *Grecs*, appellés en EGYPTE par

les

les PTOLÉMÉES & leurs Succeffeurs ; productions échappées à la fureur de CAMBYSE, qui détruifit autant qu'il lui fut poffible, les *Monumens* de l'EGYPTE qui portoit l'empreinte du goût & de la magnificence : car, à en juger par les veftiges qui nous reftent des EGYPTIENS, concernant cet *Art*, il fut fort imparfait chez eux ; ils eurent feulement le mérite de l'avoir ébauché, & d'avoir infpiré à des hommes de génie, le defir d'atteindre à la perfection de cet *Art*.

Ce qu'il y a de certain, c'eft qu'ARISTOTE & THÉOPHRASTE attribuent aux Grecs l'invention de la *Peinture*, quelque temps après la guerre de *Troyes* ; cependant HOMERE qui s'eft plu à décrire les Palais de fon temps, ne parle point de *Tableaux*, & ne vante que les *Statues*, la *Cizelure*, l'*Aiguille*, & l'*Art* de la *Teinture* à l'ufage de la *Broderie*, Art qui étoit connu du temps de la guerre de *Troyes* : on n'employoit d'abord qu'une feule couleur fur un fond blanc ; il y a apparence qu'on ignoroit l'art du mêlange de l'union, & de l'oppofition des couleurs, ainfi que les *Tons* d'une même couleur, les *Reflets*, les *Ombres*, les *Clairs* qui conftituent l'*Art de Peindre* ; il y a donc toute apparence qu'on ne s'eft fervi long-temps que de deux *Teintes* dans un même *Tableau*, & que ce ne fût que dans la fuite que les *Grecs* employerent quatre différentes couleurs qu'ils fondirent enfemble, & dont ils ont compofé pendant plufieurs fiecles, & même du temps d'APPELLES, ces Ouvrages célebres, admirés dans tous les âges. L'exactitude & la juftelle dans les Ouvrages de la *Sculpture* & d'*Architecture* qui font venus jufqu'à nous, prouvent affez combien ils ont porté loin l'excellence de la *Peinture*, dont les chefs-d'œuvre n'ont pu réfifter aux outrages du temps & des *Elémens*.

Les ROMAINS à leur tour développerent cet *Art*, & le perfectionnerent par le commerce qu'ils eurent avec les GRECS ; mais après les avoir vaincus, & avoir envahi tout ce que ces Peuples poffédoient de parfait en ce genre, ROME elle-même fe vit dépouillée de tant de tréfors ; les GOTHS & les LOMBARDS détruifirent prefqu'entierement les *Peintures* qui fe trouverent en *Italie*, & il n'en échappa que ce que la prudence ou la crainte avoit enfeveli dans les fouterrains, pour le dérober de l'ignorance, & à la barbarie de l'ennemi.

Le VESUVE, en engloutiffant la ville d'HERCULANUM, moins cruel que ces hommes féroces, mit à couvert quelques-unes de ces productions des Arts. On pourroit croire que la Providence alluma ce Volcan terrible, afin de prévenir leur perte entiere, & d'en conferver affez pour nous faire juger des talens des Artiftes de ces fiecles reculés. Enfin, c'est dans les entrailles de cette Ville, déterrée par les soins d'un Prince digne descendant de LOUIS-LE-GRAND, qu'on découvre tous les jours des Ouvrages qui nous font voir en quel état étoit la *Peinture* sous le régne des CÉSARS : quoiqu'on soit obligé de convenir, qu'il s'en faut bien que ces restes précieux des *Peintures* Romaines n'approchent de celles des GRECS, qu'on nous vante en ce genre, & qu'elles n'égalent les chefs-d'œuvre de *Sculpture* qu'on a trouvé en même temps dans cette Ville souterraine.

Enfin, les farouches vainqueurs des ROMAINS, après avoir *mutilé* ou détruit ce que ROME & les Provinces d'ITALIE renfermoient de plus admirable en ce genre, ne laisserent pas de s'exercer dans cet Art dont ils avoient anéanti les Modeles ; mais ils ne firent que le replonger dans l'enfance d'où les GRECS l'avoient tiré : leurs productions furent presqu'aussi irrégulieres, que celles qui se firent en ASIE dans les premiers essais de l'Art : & de même que les GRECS lui donnerent une nouvelle vie, il falloit des Génies aussi heureusement inspirés pour renouveller les chefs-d'œuvre des GRECS ; au reste, il étoit juste que la *Peinture* devint triomphante dans une contrée où elle avoit été si cruellement outragée, & c'est le spectacle que nous offre l'ITALIE dès le seizieme siecle. Les *Léonards de Vinci*, les *Raphaël*, les *Jules Romains*, les *Caravahes*, les *Carraches*, les *Basans*, les *Titiens*, remirent la *Peinture* en honneur ; ils confirmerent les miracles attribués aux *Zeuxis*, aux *Appelles*, & au *Parravius*, & éleverent cet Art divin à une perfection peut-être inconnue aux GRECS & aux LATINS.

Bientôt l'Ecole FLAMANDE suivit des traces si brillantes, les *Rubens*, les *Vandik* firent la gloire des Pays-bas ; l'Ecole FRANÇAISE, formée sur les beaux Ouvrages de ces deux Nations, ne leur céda en rien pour la régularité du *Dessin*, pour le brillant du *Coloris*, pour l'invention, ni pour l'imagination. Les *Vouet*, les *Lesueur*, les *Poussin*, les *Lebrun*, les *Mignard* ont fait douter qui l'emporte de ROME, d'ANVERS & de PARIS. Les Artistes de nos jours augmentent l'indécision, & par les progrès multipliés dans leur Art, font peut-être pencher la balance en faveur de la FRANCE.

C'est enfin depuis le seizieme siecle que cet Art a acquis une nouvelle maniere de *Peindre*, très-supérieure à celle que les Anciens avoient pratiquée, la maniere de *Peindre* à l'huile. Nous avons vu que les GRECS n'employoient que quatre couleurs dans leurs *Tableaux*. Nous savons encore qu'ils *peignirent à Fresque*, en *Détrempe*, en *Mosaïque*, à l'*Encastique* ; mais comme l'a montré un de ces hommes fait pour illustrer, & pour animer les *Arts*, la *Peinture* en *Email*, fur *Verre*, en *Miniature*, en *Paſtel*, font les fruits des recherches & des talens des modernes : ce font autant de monumens immortels des découvertes qu'ils ont faites dans cet Art divin.

Sans entrer dans le détail de tous les avantages que la *Peinture* prête à l'*Architecture*, il fuffit d'expoſer fommairement que le premier de ces Arts rend fupérieurement, par ſes griſailles, les *Bas-Reliefs*, la *Ronde-Boſſe* de la *Sculpture*, & le *Relief* de l'*Architecture* ; que tantôt il nous offre un point de vue heureuſement terminé par une perſpective agréable, en nous montrant en apparence un lieu plus vafte qu'il ne l'eſt réellement. Il fuffit de ſe rappeller qu'ici, des *Peintures* fuperbes ornent les nefs & les dômes de nos Egliſes, que là des *Symboles allegoriques* annoncent la deſtination des différentes pieces des appartemens des Souverains, & de la demeure des Particuliers ; qu'il nous fait retrouver les Campagnes & les Mers au fein des Villes ; qu'il prête mille agrémens à nos retraites ; qu'il fait le charme de nos Spectacles, qui lui doivent tous leurs enchantemens : c'eſt par la magie de la *Peinture*, que les Palais les plus brillans fuccedent tout-à coup aux déſerts les plus affreux ; par ſon moyen du féjour de la mort & des enfers, on eſt tout-à-coup tranſporté dans l'Olympe, & parmi les Dieux. En un mot, il fuffit de dire que cette Poéſie muette donne de la vie & de l'ame à tout, & qu'elle eſt, s'il nous eſt permis de le dire, le *Vernis* & le *Coloris* de tous les *Arts*.

Faut-il donc s'étonner que cet *Art* divin, auffitôt qu'il s'eſt montré dans tout ſon jour, a été honoré & protégé des Souverains. L'Hiſtoire nous apprend que DEMETRIUS refuſa de ſe rendre maître de *Corinthe*, de peur d'occaſionner la deſtruction d'un *Tableau* de PROTOGENE, & qu'il aima mieux conſerver ce chef-d'œuvre que de conquérir cette fuperbe Ville. Le Roi NICOMEDE voulut affranchir les GUIDIENS du tribut qu'il leur avoit impoſé, à condition qu'ils lui céderoient la VENUS de *Praxitelles*. On fait les honneurs que les GRECS rendirent au célebre *Polignotte*, à qui ils firent préparer des entrées magnifiques dans toutes les Villes où il devoit paſſer, & qu'ils le défrayerent aux dépens de l'Etat. *Parraſius* reçut de ſes Citoyens une Couronne d'or pour prix de l'un de ſes *Tableaux*, & une robe de pourpre qu'il porta depuis comme une marque de la conſidération qu'avoit pour lui ſa Patrie. Les *Rhodius* bâtirent un *Temple* à l'un de leur *Peintre* ; en un mot, la GRECE & l'ITALIE ont élevé des *Statues* à ceux qui ſe font fignalés par des Ouvrages conſidérables ; les plus fages des EMPEREURS n'ont pas dédaigné de manier eux-mêmes le pinceau ; pluſieurs grands Princes les ont invité dans la ſuite. FRANÇOIS I, LOUIS XIII, PHILIPPE III, PHILIPPE IV, le DUC D'ORLÉANS, &

quantité d'autres Princes, & Grands Hommes ont pris plaisir à ce genre d'occupation. Tous se font fait un devoir de récompenser par des faveurs & des distinctions, les *Peintres* célebres. CHARLES-QUINT fit le *Titien*, *Comte* Palatin; FRANÇOIS I. reçut les derniers soupirs de *Léonard de Vinci*; les *Peintres* & les *Sculpteurs* jouissent aujourd'hui à ROME, des priviléges des *Nobles Romains*. A VENISE, les Arts libéraux ont un tribunal. A FLORENCE, COME DE MEDICIS leur accorda des franchises supérieures même à celles des Gentilshommes. Dans les Provinces-unies, ils ont le droit d'aspirer à toutes les dignités de l'Etat. LOUIS XIV eut une considération particuliere pour les *Peintres* célebres de la FRANCE, en leur accordant non-seulement des récompenses considérables mais encore des marques d'honneur & de confiance. Enfin, notre AUGUSTE MONARQUE continue de les protéger, de les aimer, & de les récompenser. Il entretient avec soin & générosité l'Académie de *Rome*, fondée par son ILLUSTRE PRÉDÉCESSEUR. Il ordonna d'exposer leurs Œuvres aux yeux du Public, dans le sein même de l'un de ses Palais. Là, le Citoyen & l'Etranger voient, tous les deux ans, avec autant de plaisir que d'admiration, les chefs-d'œuvre de *Peinture*, de *Sculpture* & de *Gravure*, dans tous les genres, qui sortent de notre École FRANÇAISE, & ne cessent d'ajouter à sa gloire.

Après avoir expliqué l'origine de la *Sculpture* & de la *Peinture*, nous allons entrer dans quelques détails sur les *Ornemens* qui peuvent s'appliquer sur les *Moulures*.

Les *Ornemens* dont il s'agit ici, tirent leur origine des feuilles, des fleurs & des fruits que produit la nature; l'Art de les imiter & de les appliquer avec discernement dans l'*Architecture*, fait un des mérites principaux de la décoration: pour réussir dans cette partie, il faut un grand usage du dessin, de la légereté & de la célérité dans l'exécution; savoir faire contraster les formes, & donner un relief assorti à l'expression de l'ordonnance du bâtiment: pour distribuer les Ornemens avec goût, il faut observer les conditions suivantes.

1°. Disposer les *Ornemens* avec une telle économie, qu'il n'y ait point de parties dans la décoration qui en soient trop surchargées, & d'autres trop dépourvues.

2°. N'en jamais placer qu'alternativement sur les *Moulures* circulaires qui s'avoisinent, & observer d'en mettre très-rarement sur les *Larmiers*, sur les *Plates-Bandes*, & sur les *Listeaux*, autant de Membres d'*Architecture* qui doivent être lisses.

3°. Les *Ornemens* que l'on applique sur les *Moulures*, doivent suivre à peu-près leur contour, sans les altérer trop considérablement, afin que l'on puisse juger de la forme de ces *Moulures*, avec la même facilité que si elles étoient lisses.

4°. Donner aux *Moulures* plus ou moins de relief, à raison des *Ornemens* que l'on voudra appliquer dessus, pour que la *Moulure* & les *Ornemens* réunis, concourent à former un tout assorti à l'expression de l'*Ordonnance* qui préside dans l'*Edifice*.

5°. Varier ces *Ornemens* sur les *Moulures* de genre différent, & d'avoir attention que les *Axes* tombent toujours à plomb les uns des autres, & correspondent à l'*Axe* des *Colonnes*, des *Pilastres* & des *Entrecolonnemens*, &c. de la Décoration.

6°. Faire ensorte que le travail de tous ces *Ornemens* soit d'une expression relative à l'ordre qui préside dans le bâtiment, soit en préférant les feuilles d'eau aux feuilles de refend, soit en traitant ces *Ornemens* d'une maniere plus ferme ou plus délicate, selon qu'ils doivent être dans l'*Edifice* plus ou moins près de l'œil du Spectateur, & qu'ils seront exécutés en *Pierre*, en *Plâtre*, en *Marbre*, en *Stuc*, en *Bois*, en *Bronze*, &c. Il en est des *Ornemens*, comme des différens genres de *Moulures* qui doivent être plus ou moins *Ressenties*, plus ou moins *Méplattes*, ou plus ou moins *Chantournées*, selon leur destination dans l'art de bâtir.

Nous allons donner le détail des différens *Ornemens* représentés sur les Planches.

LA Figure A, représente des *Ornemens* appellés *Guillochis*, composés de listels entrelacés les uns dans les autres. Ces *Ornemens* s'employent dans les *Sophites*, les *Plates-Bandes*, les *Larmiers*, les *Cadres*, les *Chambranles*, &c. l'on voit dans cette Figure une moitié moins composée que l'autre. Les *Ornemens* représentés par la Figure B, s'appellent *Postes*, especes d'*Ornemens* courans, composés de *Plates-Bandes*, de *Listeaux*, de *Feuille* de *Refend* & de *Culots*, à l'usage des *Plates-Bandes*, des *Plinthes*, & des *Murs d'appui*; lorsque dans ces derniers, on n'admet point de *Balustres*. L'on voit dans cette Figure une moitié plus simple que l'autre.

La Figure C, représente des *Ornemens* courans à l'usage des *Frises*.

Les Figures D & E, représentent divers *Canaux*, especes d'*Ornemens Concaves*, séparés par des *Listeaux*, ornés de *Filets*, de *Joncs*, de *Fleurons* ou de *Graines* de *Dards*, de feuilles de *Refend*, à l'ufage des *Gorgerins*, des *Frizes*, des *Larmiers*, ou toute autre partie verticale ; ces *Ornemens* doivent être plus fimples ou plus chargés à raifon du genre d'*Architecture*, où ils figurent, & où ils doivent être diftribués avec modération : les efpeces de *Moulures* dont nous parlons, doivent être liffes de préférence aux *Circulaires* qui peuvent ne l'être pas.

ORNEMENS USITÉS DANS LES MOULURES CIRCULAIRES.
Planche II.

LA figure A, repréfente quatre efpeces d'*Ornemens*, à l'ufage des *Baguettes* : 1°. les *Patenotes*, efpeces de *Grains de Perle*, de forme *variée*, & placés alternativement les uns après les autres, comme des grains de *Chapelet* : 2°. des paquets de feuilles de *Laurier*, de *Chêne* ou d'*Olivier*, &c. 3°. des feuilles de *Chêne* tournantes : 4°. enfin, un ruban roulé en *Spirale*.

La figure B, repréfente trois efpeces d'*Ornemens*, à l'ufage des *Tores* : 1°. des *Ornemens* compofés de *Faifceaux*, de *Baguettes*, liées & unies enfemble par des feuilles de *Refend*, ou des *Bandelettes* pour les *Tores* corinthiens ou compofites : 2°. des feuilles de *Laurier* : 3°. des feuilles de *Chêne* garnies de glands.

La figure C, repréfente trois différentes efpeces d'*Oves*, à l'ufage des *Quarts* de *rond* ; ils peuvent recevoir divers enrichiffemens, felon le genre de *Moulures* auxquelles ils font appliqués.

La figure D, repréfente des *Ornemens*, propres aux *Quarts* de *rond renverfés* ; ce font des *Plates-Bandes*, formant un enroulement, au milieu duquel eft une *Palmete*, accompagnée de *Fleurons*, & autres *Ornemens* ; ils peuvent être appliqués auffi aux *Quarts* de *rond droits* de Menuiferie.

La figure E, repréfente les *Ornemens*, appellés *Gaudrons*, à l'ufage de *Quarts* de *rond renverfés* ; ces *Gaudrons* font des efpeces de *Canaux concaves*, remplis en tout ou en partie par des *Joncs faillans*, qui, placés alternativement en plus ou en moins grande quantité dans ces efpeces de *Canelures*, leur procurent une expreffion relative au différent caractere des Ordres ; on peut auffi décorer ces *Canaux*, de *Graines*, de *Fleurons*, de *Bouquets*, de *Laurier*, &c. felon la richeffe que l'on veut donner aux *Moulures*.

La figure F, repréfente des *Ornemens*, nommés *Miroirs*, à l'ufage des *Cavets droits* ou *renverfés*, felon leur différente fituation dans

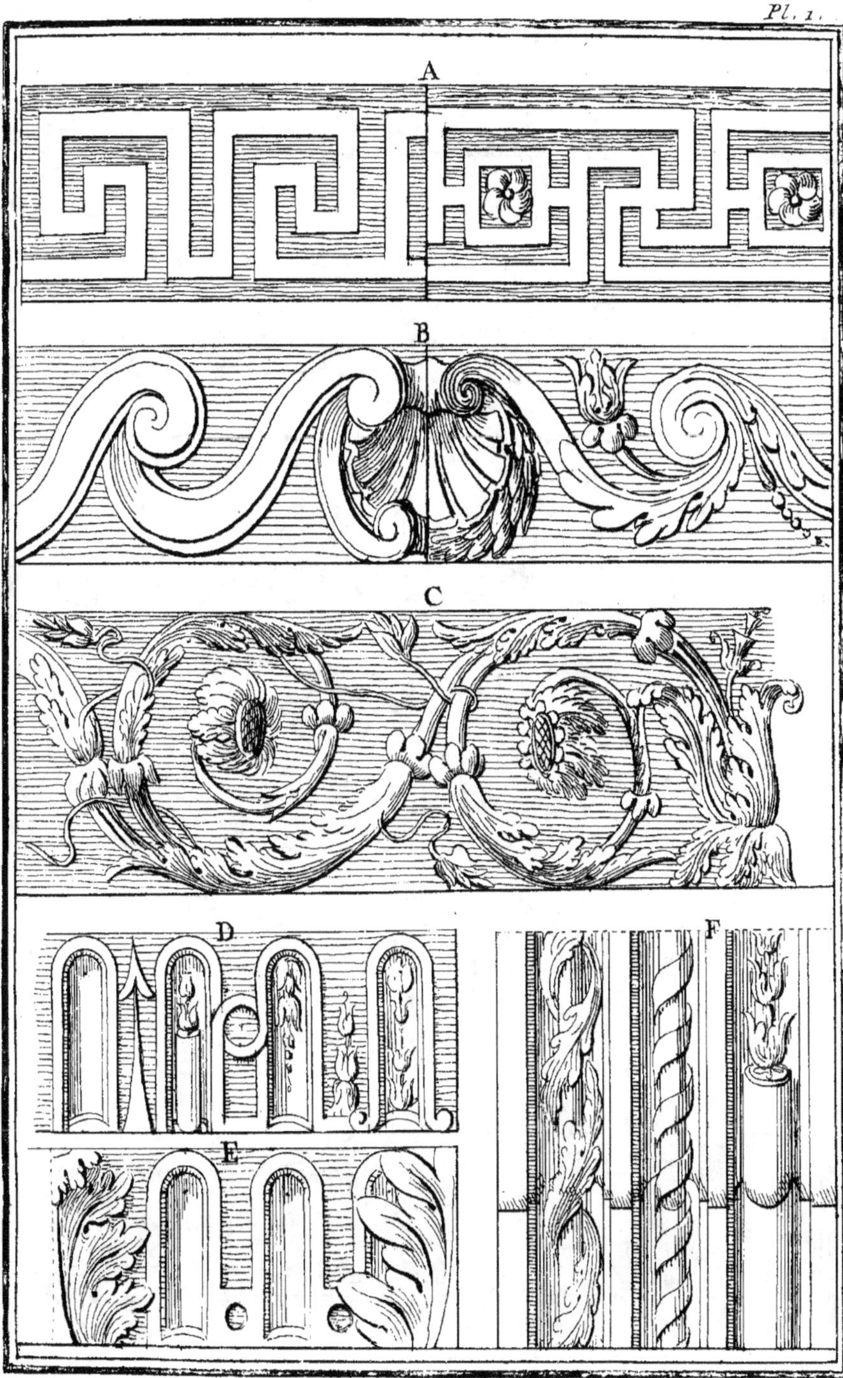

l'ordonnance de l'Edifice ; ces *Miroirs* peuvent être de forme *circulaire* ou *elliptique*, entourés ou féparés par des *Entrelas* de *Bandelettes*, de *Lifteaux*, enrichis de *Rofettes*, compofées de *Feuilles de refend*, ou de feuilles *d'Eau*, felon que l'on a befoin de donner à ces *Ornemens* une expreffion virile, moyenne ou délicate.

La figure G, repréfente des *Ornemens*, compofés de *Feuilles de refend*, de *Rais de Cœurs*, de feuilles *d'Eau*, à l'ufage des *Doucines droites* ou *renverfées* ; ces feuilles de *refend* peuvent être *d'Olivier*, de *Laurier*, de *Perfil*, ou *d'Acanthe*, pour fatisfaire par cette variété aux différentes expreffions qu'on eft fouvent obligé de donner à un *Ordre*, felon qu'il fait partie d'une ordonnance riche, moyenne ou fimple.

La figure A, *Planche III*, préfente des *Trefles fimples* & compofés, féparés alternativement par des *Feuilles* de *refend*, à l'ufage des *Talons droits* ou *renverfés*.

Nous ne prétendons pas que les *Ornemens* dont nous venons de parler, puiffent être les feuls que l'on doive employer dans l'*Architecture*, ils font infinis : nous nous fommes feulement propofé d'indiquer le choix qu'on en doit faire d'après les plus célebres Auteurs. Voyez ceux que propofe d'AVILER, & particulierement ceux qu'on trouve dans le Traité Elémentaire de LECLERC, compofés & deffinés avec beaucoup de goût & d'intelligence.

Les figures B, préfentent trois différens genres d'entrelas, à l'ufage des *Murs d'appui*, où l'on n'admet point de *Baluftres*, pour fatisfaire aux trois différentes expreffions, folide, moyenne & délicate.

Les figures C, D, E, repréfentent des *Trophées* de guerre, à l'ufage des *Congés*, au-deffus des *Corniches*, des *Croifées*, des *Edifices* ; ces *Trophées* font de goût différent.

Planche IV. La figure A, nous fait voir un *Candelabre*, du Latin *Candelabrum*, *Chandelier*, efpece de vafe d'une certaine hauteur, dont la forme reffemble à un *Baluftre*, & qui fert d'amortiffement pour la Décoration des Edifices facrés. Voyez les proportions cotées la *Planche XIV* de notre premiere Partie.

La figure B, préfente une *Branche de Palmier*.

La figure C, une *Branche de Laurier* ; ces *Ornemens* peuvent être placés dans l'*Architecture*, pour rappeller l'idée qui a donné occafion à l'Edifice.

La figure D, repréfente la moitié d'une grande feuille *d'Acanthe*.

La figure E, nous fait voir une des petites, à l'ufage des *Chapiteaux Corinthien* & *Compofite*.

La figure F, repréfente la moitié d'une grande feuille *d'Olivier*.

La figure G, nous fait voir une des petites à l'usage des *Chapiteaux Corinthien* & *Composite* ; il s'en fait aussi de *Persil* ; mais les deux premiers genres de feuilles réunissent mieux que les derniers, pour la Décoration des *Chapiteaux* dont nous venons de parler.

La figure H, représente une *Guirlande*, les *Guirlandes* différent des *Festons* (a), en ce qu'elles sont composées de feuilles & de fleurs ; mais qu'elles sont plus légeres dans leurs masses que dans leurs parties, & susceptibles de plus d'élégance ; & qu'en général, elles paroissent plus propres à la Décoration des différens genres de bâtiment.

Planche V. La figure A, nous fait voir une *Rosasse*, propre à remplir un *Angle*. Celle de B, au contraire, peut être placée dans un *Cercle*, dans un *Quarré*, dans un *Hexagone*, ou dans un *Octogone*.

La figure C, représente le couronnement ou amortissement d'un banc d'œuvre, composé de différens Membres d'*Architecture*, enrichi de divers *Ornemens* de *Sculpture*, se terminant dans sa partie supérieure, par une *Cassolette*, espece de vase plus large que haut ; on y ajoute des *Ornemens* de flammes & de vapeur, selon que l'exige le caractere de la Décoration. Ces sortes de vases peuvent également être placés aux Ordres *Toscan*, *Dorique*, *Ionique*, *Corinthien* & *Composite*, en faisant attention de les décorer plus ou moins, selon que le comporte chacun des Ordres en particulier, & selon que ces Ordres font considérés comme simples, moyens, ou aussi riches qu'ils sont susceptibles de l'être.

Les figures D, E, H, représentent des *Festons*, dont nous avons déja parlé ci-dessus, avec des *Guirlandes*. On fait des *Festons*, entierement de feuilles de *Laurier*, comme on le voit figure D ; ou de *Chêne*, de *Myrthe*, de *Ciprès*, selon l'application que l'on veut faire de ces *Guirlandes*, aux Monumens élevés à la *Gloire*, à la *Guerre*, à l'*Amour*, à la *Mort*, &c. ces *Festons*, pour l'ordinaire, font décorés de *Rubans* pour les attacher. La figure E, est un *Feston* composé de feuilles & de fruits, ainsi que la figure H, tenu par un musle de Lion. Ce genre d'*Ornemens* est fort ancien dans la Décoration des Edifices. Les MANSARDS, les LEBROSSE, les LEMERCIER, les LEVEAU, les FRANÇOIS BLONDEL, les PERAULT, &c. en ont employé avec succès dans la Décoration.

Les figures F, G, nous font voir des *Cornes d'abondance*, *Ornemens* de *Sculpture* qui représentent la *Corne* de la *Chevre* à MATHEE, des *Fruits*, des *Fleurs*, des *Médailles*, des *Coquillages*, ou toute

---

(a) Voyez Planche V, figure D, E, H.

autre

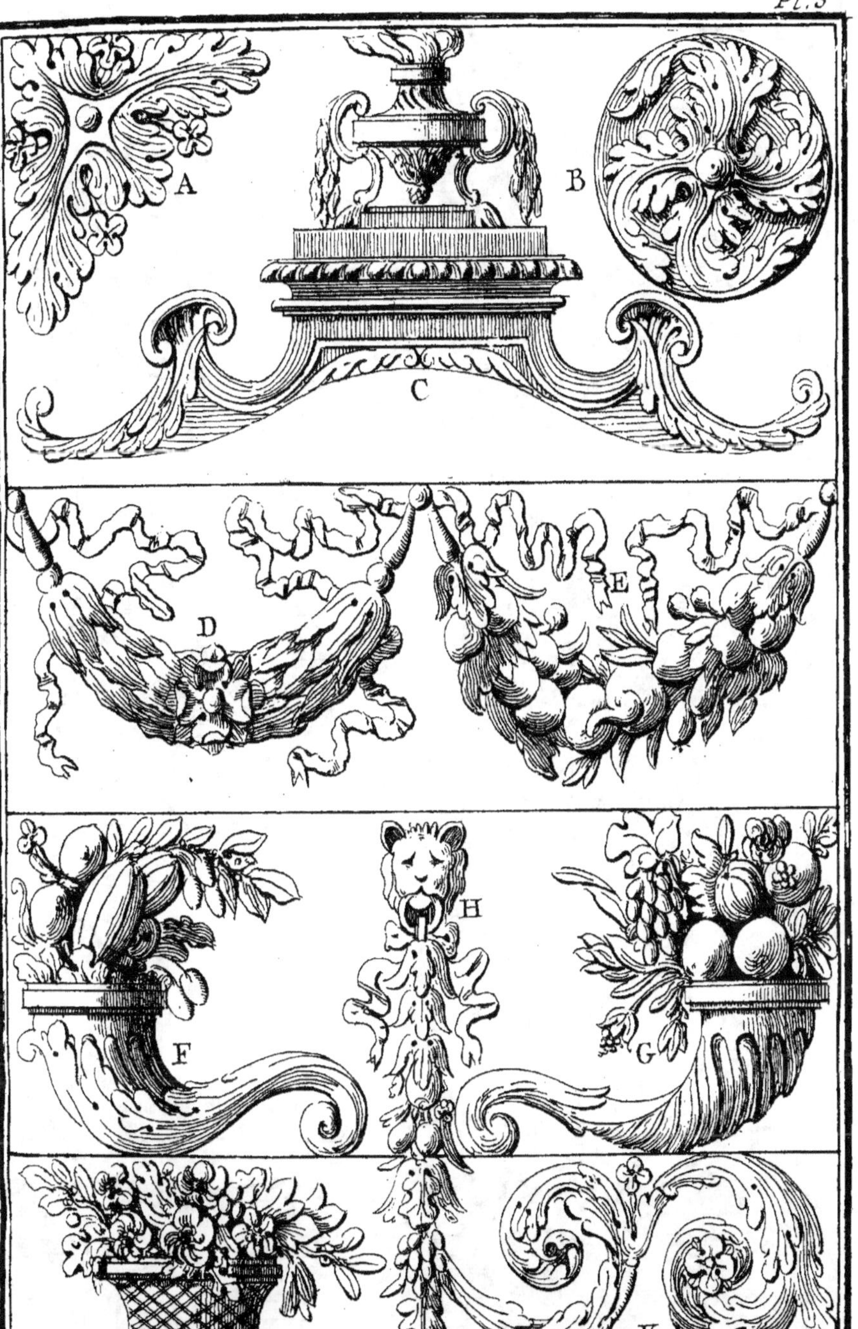

A
B
C
D
E
F
H
G
I
K

A
B

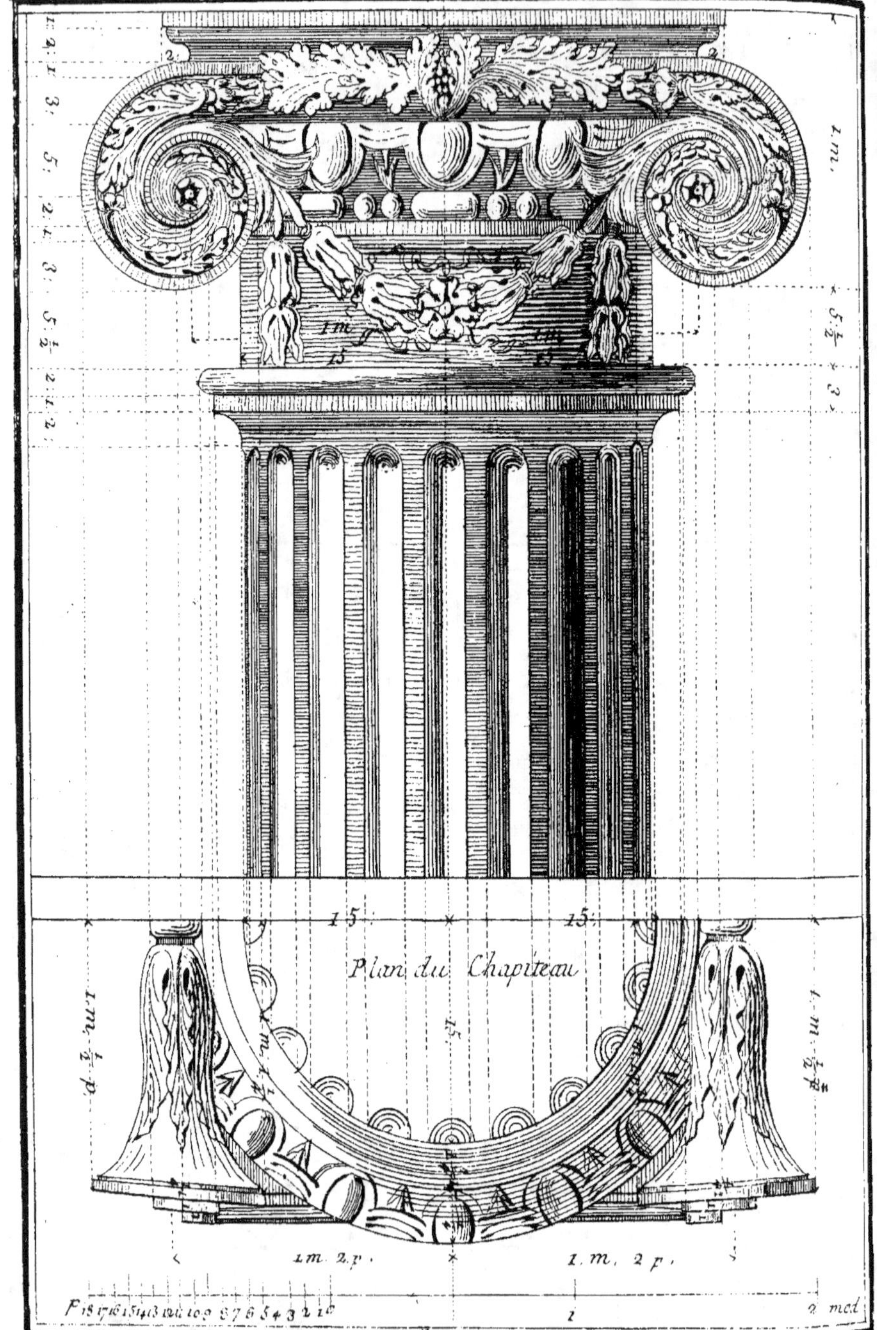
Plan du Chapiteau
1. m.
1. m. ½ p.
15
15
1. m. 2. p.
1. m. 2. p.

autre production de la mer, des Arts libéraux, méchaniques, &c. Ce genre d'ornement comme tous les autres, demande à être employé convenablement. Il réussit mieux ordinairement isolé qu'en bas-relief, en grand qu'en petit Ce mouvement dont il est susceptible, & les attributs qu'il renferme, exigent un caractere détaillé : on en trouve dans les façades extérieures de plusieurs frontons de la grande Gallerie du Louvre du côté de la riviere, dans les frontons de la Gallerie de Versailles, dans ceux de l'Hôtel de Touloufe & ailleurs ; mais cette espece d'*Ornement* femble n'être placé où nous le citons que comme simple *Ornement* : il feroit bien plus piquant s'il étoit employé allégoriquement comme *Symbole*. Cet *Ornement* devroit être réfervé pour caractérifer le temps de la paix, annoncer la fertilité des campagnes, l'abondance des Provinces intérieures ou maritimes. Il pourroit alors faire partie des amortissemens qui couronneroient les Portes de Villes, les Arcs de triomphe, les Bâtimens hydrauliques, &c.

La figure I repréfente une corbeille de *Fleurs*, de *Feuilles & de Fruits* : ce genre d'*Ornement* peut fervir de couronnement fur les piliers des portes des jardins, comme on en remarque dans beaucoup d'endroits. Il peut auffi être placé convenablement dans les Salles à manger, pourvu toutefois que le Sculpteur le traite avec légereté.

La figure K repréfente un *Ornement* courant, propre à enrichir des frifes, des plinthes ou toutes autres moulures plates.

La *Planche VI* nous fait voir fix efpeces de *Rofaces* de goût différent avec leur profil, pour indiquer leur faillie. Il est aifé de voir leur différente richeffe ; elles peuvent être également placées dans un *Quarré*, dans un *Hexagone*, dans un *Octogone* ou dans un *Cercle*. Ces différentes figures géométriques fe nomment *Caffette*, efpece de renfoncement bordé de moulures ; on en fait auffi d'oblongues, en lozange, qu'on remplit de différens *Ornemens* comme il fe voit dans l'arc doubleau de la porte St. Denis & ailleurs.

La *Plache VII* nous fait encore voir fix *Rofaces* de goût différent qui peuvent être placées comme les précédentes, à l'exception de celles de A & de B qui ne peuvent avoir lieu que dans une *Caffette* quarrée.

La *Planche VIII* repréfente le plan & l'élévation du Chapiteau *Ionique* antique, avec un bout du fut de la colonne orné de canelures ; il est aifé de voir dans cette Planche les proportions des mefures & les différentes faillies cottées fur le plan ; l'on peut voir auffi la relation du plan avec l'élévation par les lignes pontuées qui y

correfpondent. Ce Chapiteau eft décoré des *Ornemens* dont il eft fuf-
ceptible. Nous avons décrit la maniere de tracer géométriquement la
Volute Ionique dans notre premiere Partie ; mais nous nous propo-
fons ici de donner une méthode plus courte, pour nous rapprocher
de la forme des *Volutes* antiques.

MANIERE de tracer géométriquement la Volute Ionique.

Planche IX, Figure premiere.

SUPPOSÉ qu'on ait déterminé la grandeur du *Module* qui doit fervir
à régler l'ordonnance *Ionique*, on le divifera, comme il a été dit, en dix-
huit parties égales ; on tirera une ligne A B, que l'on nomme *Cathete*,
à laquelle l'on donnera feize parties ; enfuite on fixera au point C,
le *Centre* de *l'œil* de la *Volute*, enforte qu'il foit éloigné de neuf parties du point A, & de fept du point B ; le rayon de *l'œil* de la *Volute* aura pour fa longueur une des *parties* de *Module*, par conféquent
le Diametre en aura deux ; la ligne A D, aura huit de ces *parties*, &
la ligne B E, en aura fix ; ainfi que le prefcrit VIGNOLE.

Cela pofé, il faut divifer les demi-Diametres C D, C E, aux
points *i k*. On formera par ces points le quarré *a b c d*, au milieu de
l'œil de la *Volute*, & les *Angles* dudit quarré donneront les points de
Centre néceffaires pour décrire le contour extérieur de la *Volute*, d'où
après avoir prolongé les côtés du quarré indéfiniment, l'on tracera ce
Contour (*a*), comme il va être expliqué.

Du *Centre a*, & de l'intervalle *a* F, décrivez le quart de *Cercle* F G ;
du *Centr b*, & de l'intervalle *b* G, décrivez le quart de *Cercle* G H ;
du *Centre c*, & de l'intervalle *c* H, décrivez le quart de *Cercle* H I ;
du *Centre d*, & de l'intervalle *d* I, décrivez le quart de *Cercle* I K ;
du *Centre a*, & de l'intervalle *a* K, décrivez le quart de *Cercle* K L ;
du *Centre b*, & de l'intervalle *b* L, décrivez le quart de *Cercle* L M ;
du *Centre c*, & de l'intervalle *c* M, décrivez le quart de *Cercle* M N ;
du *Centre d*, & de l'intervalle *d* N, décrivez le quart de *Cercle* N O ;
du *Centre a*, & de l'intervalle *a* O, décrivez la portion de *Cercle*
O P, qui rencontre & ferme l'œil de la *Volute* au point P.

(*a*) On a détaillé fur cette Planche, la figure premiere en grand, pour faire
mieux comprendre & diftinguer tous les différens points de Centre.

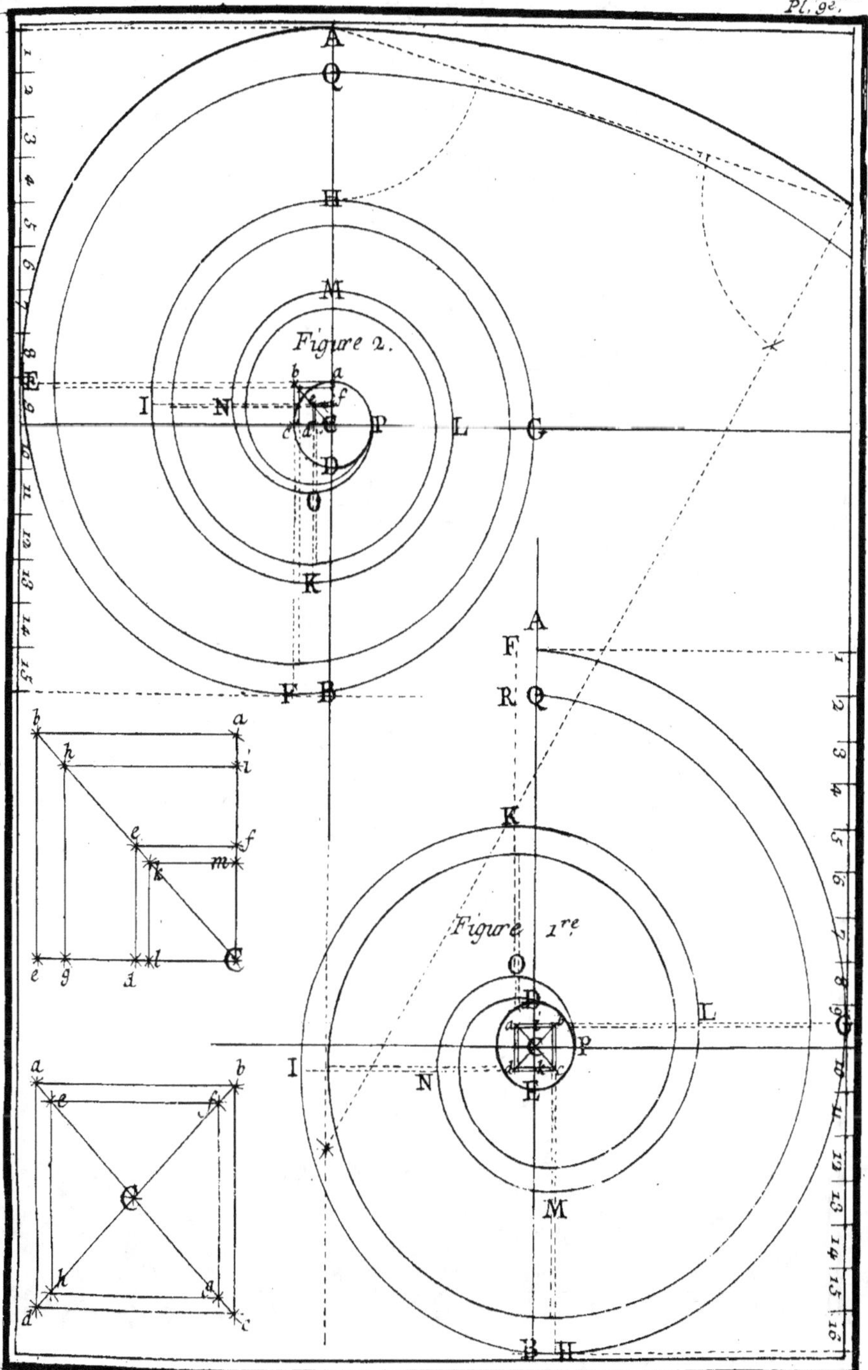

Pl. 9e.
Figure 2.
Figure 1re

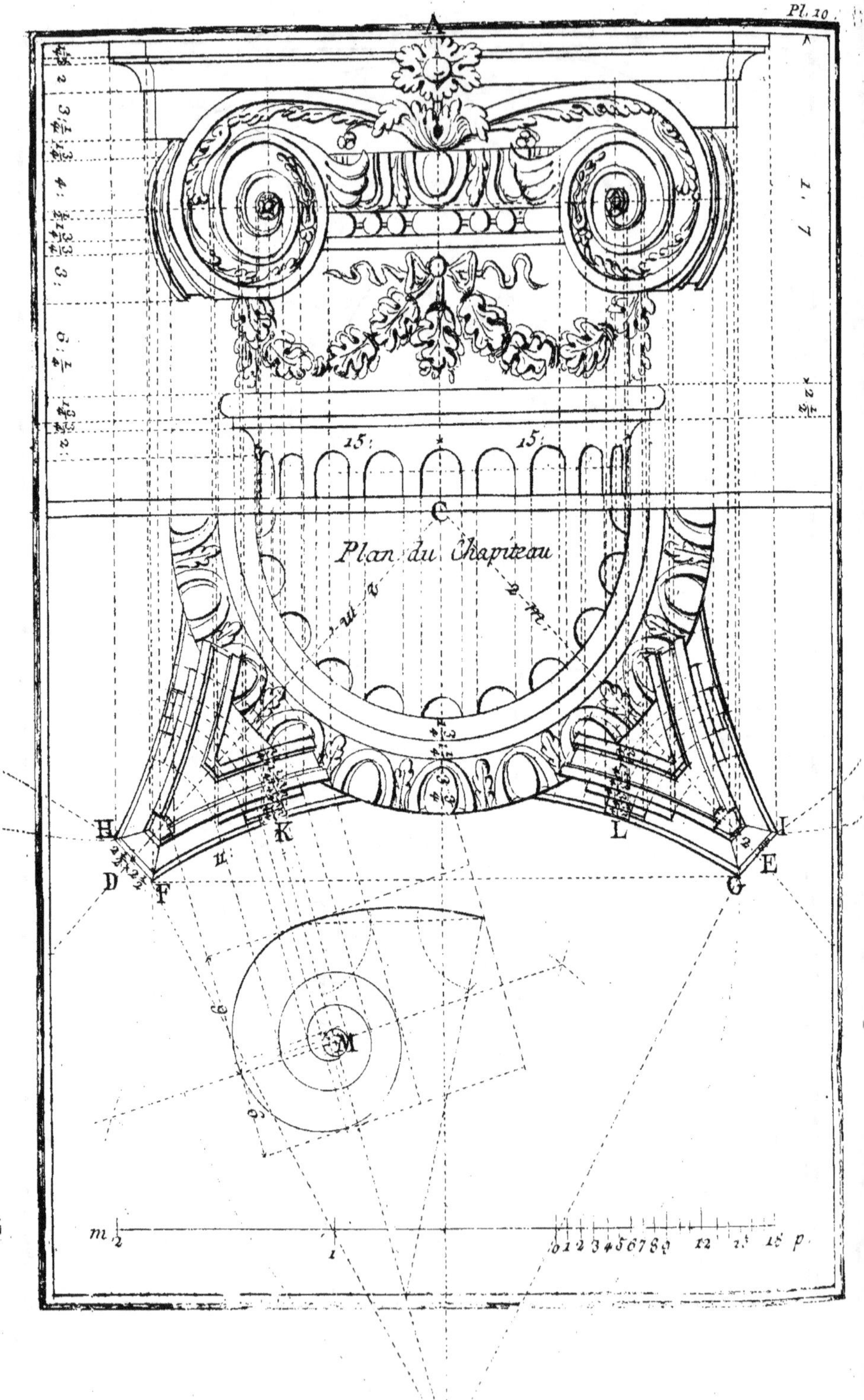
Pl. 10
Plan du Chapiteau
A
B
C
D
E
F
G
H
I
K
L
M
15
15
m
p
0 1 2 3 4 5 6 7 8 9 12 15

Pour décrire le *Contour* intérieur de la *Volute*, il faut prendre la ligne A Q, égale à une partie de *Module* ; ensuite, chercher aux lignes D A, A Q, C *i* une quatrieme proportionnelle C *l*, qu'il sera aisé de trouver : car comme la ligne D Q, est les $\frac{7}{8}$ de la ligne D A, la ligne C *l*, doit faire les $\frac{7}{8}$ de la ligne C *i*, afin que les antécédens ayent même rapport que leurs conséquens.

Après avoir trouvé la ligne C *l*, l'on formera le quarré *e f g h*, qui donnera quatre nouveaux points de *Centre* ; pour décrire le *Contour* intérieur de la *Volute*, en recommençant les procédés qui ont été ci-dessus détaillés.

MANIERE de tracer géométriquement la Volute *Ionique du Chapiteau, à quatre faces égales.*

Planche IX, Figure II.

ON tirera la ligne A B, que l'on nomme *Cathete*, à laquelle on donnera quinze parties ; ensuite, on fixera au point C, le *Centre* de *l'œil* de la *Volute* ; ensorte qu'il soit éloigné de neuf parties du point A, & de six du point B ; le rayon de l'œil de la *Volute*, aura pour sa longueur une des parties des *Modules*, par conséquent le diametre en aura deux ; la ligne A *a*, en aura huit, & la ligne D B, en aura cinq.

Cela posé, il faut faire sur le quart de *l'œil* de la *Volute*, le quarré *a b c C* ; ensuite diviser la ligne C *a* en deux parties égales au point *f*, & former le quarré *f e d C*, ces deux quarrés donneront les points nécessaires pour décrire le *Contour* extérieur de la *Volute*, d'où après avoir prolongé les côtés des quarrés indéfiniment, l'on tracera ce *Contour*, comme il va être expliqué (*a*).

Du *Centre a*, & de l'intervalle *a* A, décrivez le quart de *Cercle* A E ; du *Centre b*, & de l'intervalle *b* E, décrivez le quart de *Cercle* E F ; du *Centre c*, & de l'intervalle *c* F, décrivez le quart de *Cercle* F B G ; du *Centre* C, & de l'intervalle C G, décrivez le quart de *Cercle* G H ; du *Centre f*, & de l'intervalle *f* H, décrivez le quart de *Cercle* H I ; du *Centre e*, & de l'intervalle *e* I, décrivez le quart de *Cercle* I K ;

(*a*) L'on a détaillé sur la *Planche* la figure en grand, pour faire mieux comprendre & distinguer les différens points de *Centre*.

du *Centre d*, & de l'intervalle *d* K, décrivez le quart de *Cercle* K L ; du *Centre* C, & de l'intervalle C L, décrivez le quart de *Cercle* L M ; du *Centre f*, & de l'intervalle *f* M, décrivez le quart de *Cercle* M N ; du *Centre e* & de l'intervalle *e* N, décrivez le quart de *Cercle* N O ; du *Centre d*, & de l'intervalle *d* O, décrivez le quart de *Cercle* O P, qui rencontre & ferme *l'œil* de la *Volute*.

Pour décrire le *Contour* intérieur de la *Volute*, il faut prendre la ligne A Q, égale à une partie de *Module* : enfuite, chercher aux lignes *a* A, *a* Q, C *a*, une quatrieme proportionnelle C *i*, qui fera aifée à trouver : car comme la ligne *a* Q, comprend les $\frac{7}{8}$ de la ligne *a* A, la ligne C *i*, doit faire les $\frac{7}{8}$ de la ligne C *a* ; afin que les antécédens ayent même rapport que leurs conféquens.

Sur la ligne C *i*, il faut faire le quarré C *i h g* ; enfuite, on divifera la ligne C *i*, en deux également au point *m* ; & fur la ligne C *m*, on fera le quarré C *m k l*, ces deux quarrés donneront les points de *Centre* néceffaires pour décrire le *Contour* intérieur de la *Volute* ; d'où après avoir prolongé les côtés de ces quarrés indéfiniment, l'on tracera le *Contour* intérieur de la même maniere que l'on a tracé le *Contour* extérieur.

La *Planche X*, repréfente le *Plan*, & l'*Elévation* du Chapiteau *Ionique*, à quatre faces égales avec les proportions & mefures cottées ; comme il eft impoffible de faire l'*Elévation* de ce Chapiteau bien correcte, fans en faire le *Plan* ; nous allons donner la maniere de le placer. Ayant tiré l'*Axe* A B, fixez le *Centre* au point C, tirez les *Diagonales* C D, C E à 45 dégrés, donnez deux *Modules* à chacune des *Diagonales* ; retournez-vous enfuite d'équerre fur chaque ligne, & donnez deux parties & demi de chaque côté pour former les *Angles* du *Tailloir* du Chapiteau H F, G I ; & fur la ligne F G, décrivez le *Triangle Equilatéral* F G B ; & par le *Sommet* B, pris pour *Centre*, décrivez l'*Arc* F K L G, ainfi que toutes les faillies des *Moulures* qui forment le *Tailloir* ; décrivez auffi les faillies des circonvolutions des *Volutes*, ainfi que les *Liftaux* & *Filets* qui les enrichiffent.

Fixez le *Centre de l'œil* de la *Volute* au point K, fur l'*Arc* F K L G, à 11 parties du point F, tirez la ligne K B, nommée *Cathete* ; décrivez fur cette *Cathete* une *Volute*, comme il a été indiqué ci-devant, *Planche IX, figure II*, avec cette différence que vous placerez cette *Volute* à volonté fur la *Cathete* K B ; après quoi, relevez parallelement à la *Cathete*, toutes les circonvolutions pour pouvoir les indiquer fur le *Plan*. Cela fait, élevez des *Angles* des *Tailloirs*, & des *Angles* des circonvolutions, les lignes ponctuées paralleles à l'*Axe* A B,

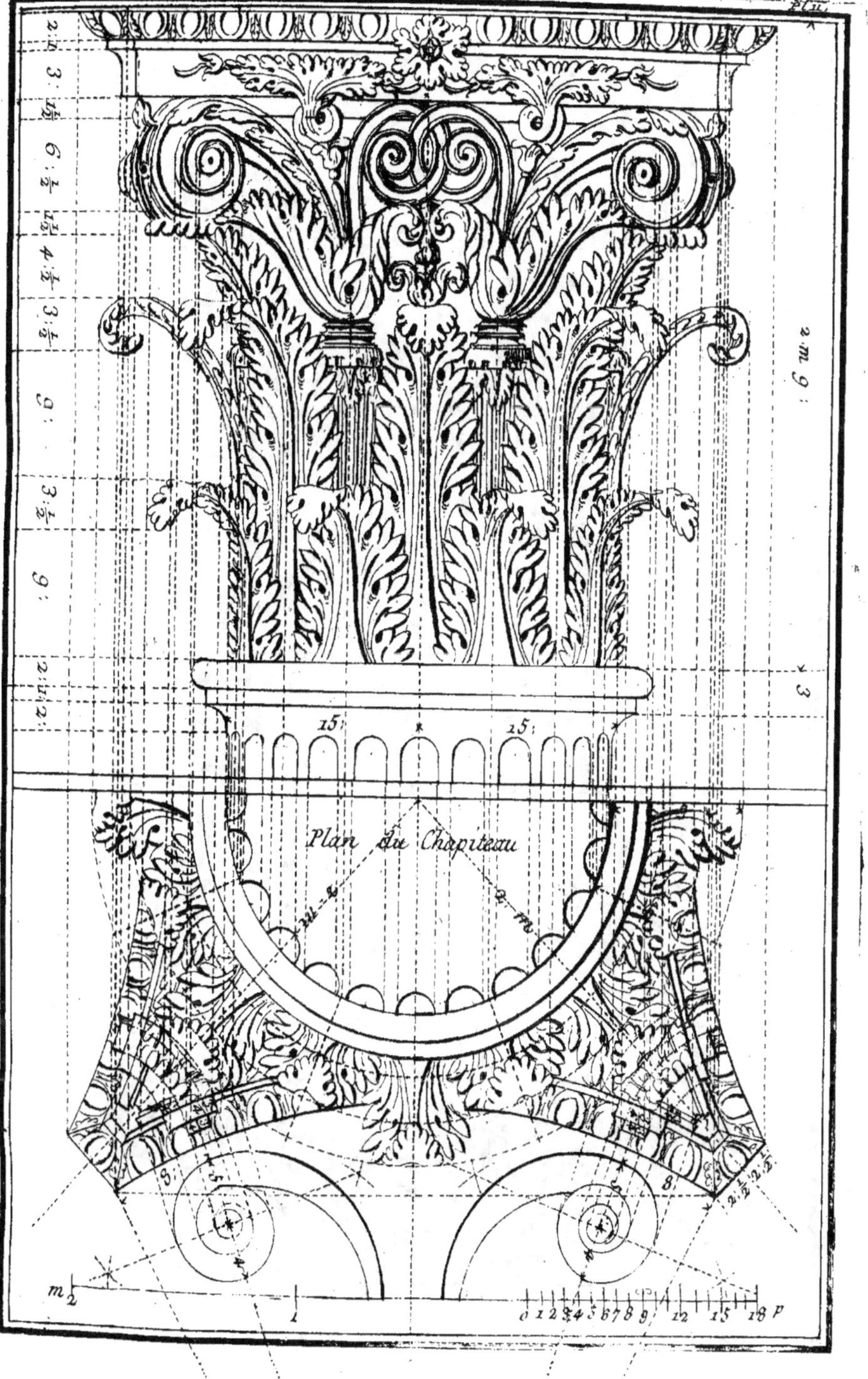

Pl. 11.
Plan du Chapiteau

Pl. 12
2. m. 9.
fig. 1.
3.
m 2
1
0 1 2 3 4 5 6 7 8 9 12 15 18 p.
fig. 2.
10.
10.
10.
6.
6.
1.
L.
0 1 2 3 4 5 6 7 8 9 12 15 18 parties
m 2
1

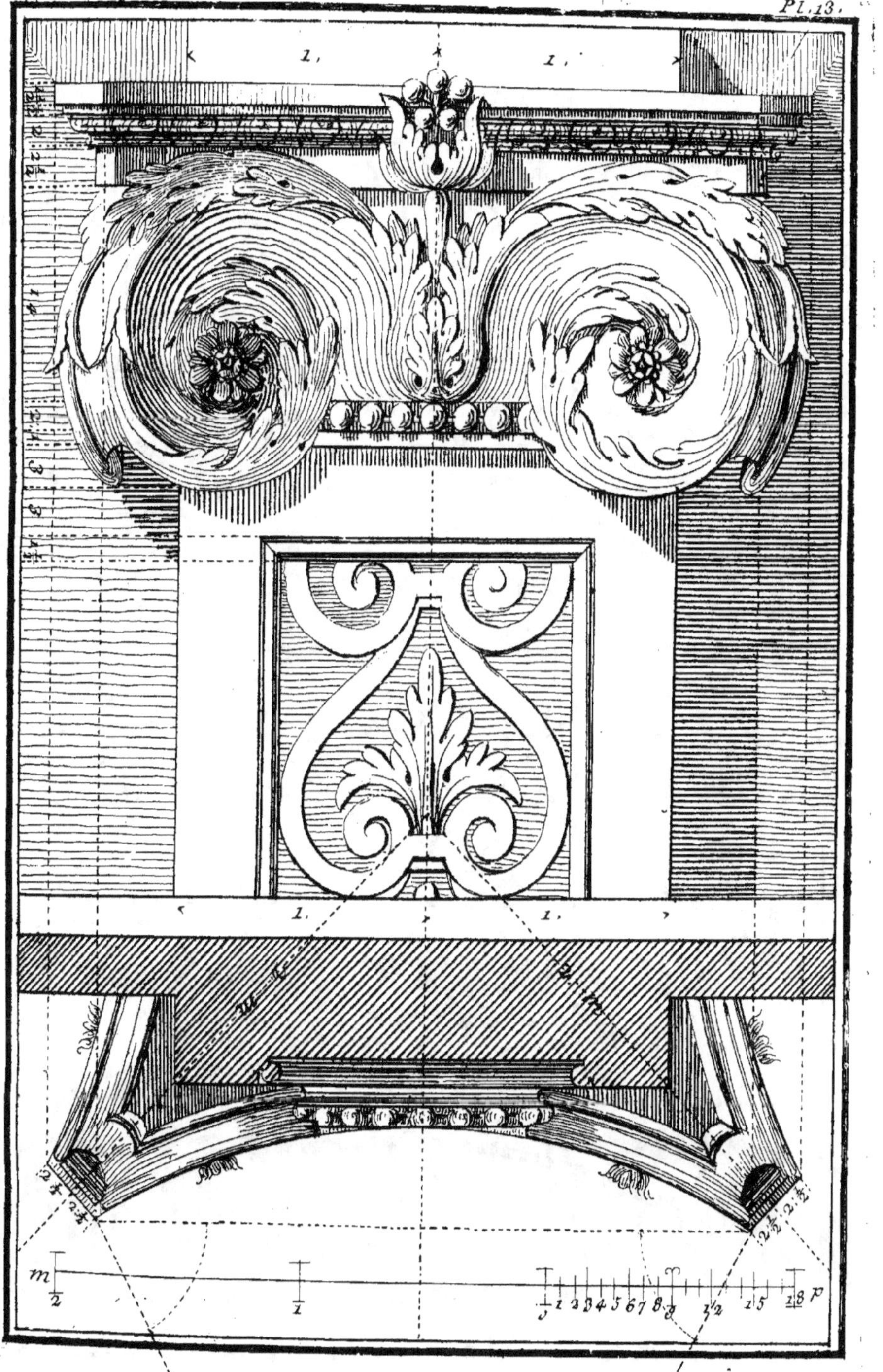

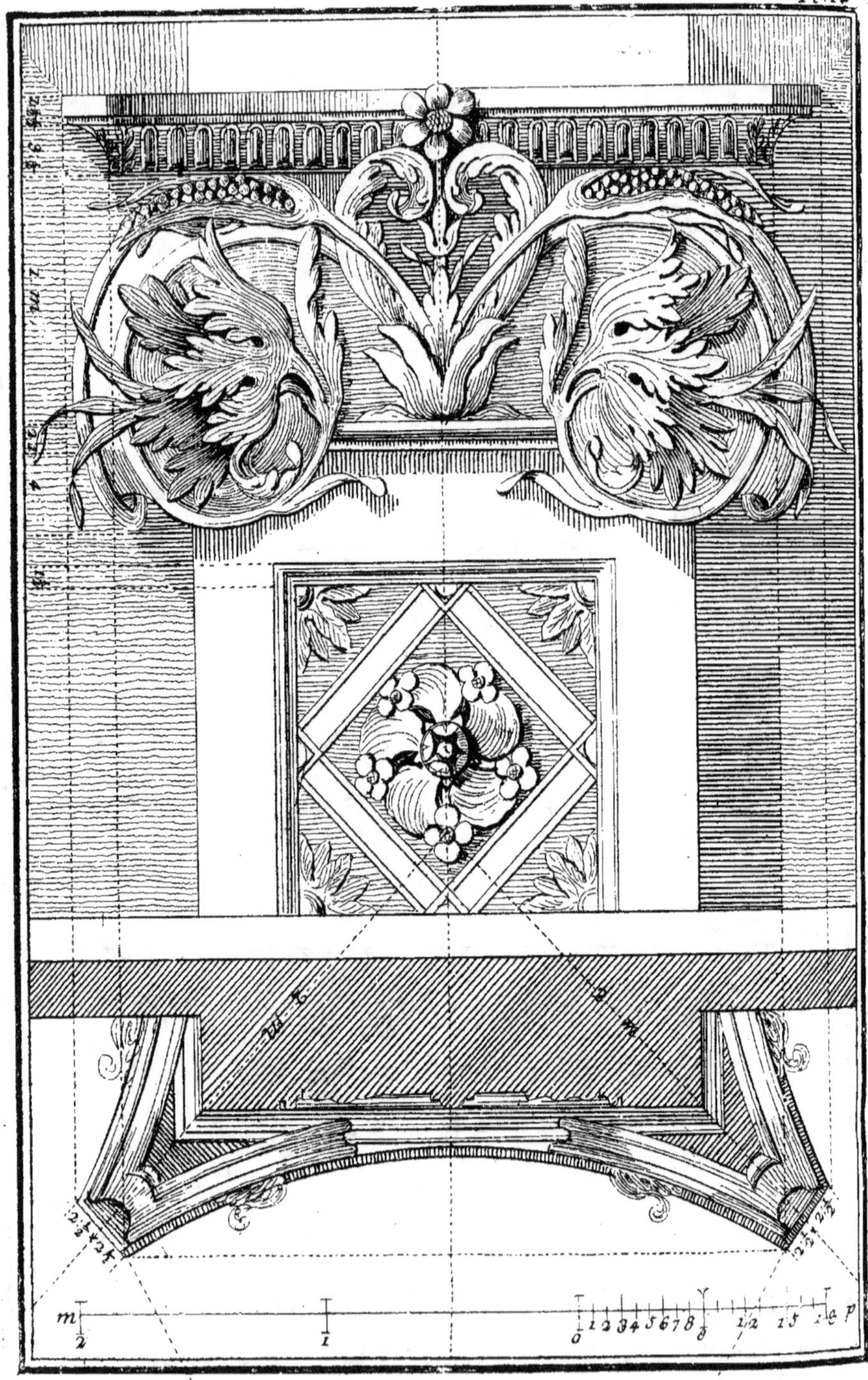
m
2
1
0 1 2 3 4 5 6 7 8 1/2 1 5 2 p

pour pouvoir tracer à la main dans l'*Elévation* du Chapiteau, toutes les différentes circonvolutions. Cette Méthode qui est géométrique, donnera correctement le raccourci des *Volutes*, qui jusqu'à présent, a été ignoré des *Architectes*, dont j'ai lu les Ouvrages, en général. Tous les Chapiteaux *Ioniques* à quatre faces égales, ont toujours un air de pésanteur à cause de la réunion des *Volutes* sur les *Angles*. Nous avons remédié à cet inconvénient, en ne donnant que quinze parties aux *Volutes* au lieu de seize, & les ouvrant pour les faire appartenir à chaque face, ce qui leur donne un air de légereté. Ce Chapiteau est enrichi des *Ornemens* dont il est susceptible.

La *Planche XI.* fait voir le *Plan* & l'*Elévation* du Chapiteau *Corinthien*, tiré d'après l'Antique ; on y remarque toutes les proportions & mesures cottées ; ce Chapiteau est comme le précédent. On ne peut en faire l'*Elévation* sans en faire le *Plan*, à cause du *Tailloir*, des *Volutes*, & de la saillie des feuilles qui doivent être relevées, après les avoir marquées sur le *Plan* pour trouver le raccourci des différentes saillies. Comme le *Plan* de ce Chapiteau est semblable au précédent, il suffit de se rappeller ce qui a été dit, & de voir sur cette *Planche* les différentes figures, proportions & mesures cottées, pour pouvoir le tracer.

La *Planche XII*, représente deux Chapiteaux composites, avec les proportions & mesures cottées.

La figure premiere, fait voir le Chapiteau dudit composite, parce qu'il est composé des *Volutes* du Chapiteau *Ionique*, à quatre faces égales, & des feuilles du Chapiteau *Corinthien*. Pour pouvoir le dessiner, il suffit de se mettre sous les yeux ce qui a été dit précédemment des Chapiteaux *Ioniques*, à quatre faces égales, & du Chapiteau *Corinthien*.

La figure deuxieme nous fait voir un Chapiteau *Pilastre* composite, tiré d'après l'Antique, plus propre à être exécuté en bois qu'en pierre, & qui peut être appliqué à la décoration de nos appartemens.

Les *Planches XII & XIII*, représentent un Chapiteau *Ionique* avec son *Plan* au bas, on y voit les proportions & mesures cottées ; ces especes de Chapiteaux peuvent être de quelqu'utilité à plusieurs personnes, vu qu'ils sont d'une nouvelle composition, & qu'ils conviennent au genre de la Menuiserie.

Le reste des *Planches* de cette seconde Partie, contient des *Trophées*, des *Figures* & *Bas-reliefs* relatifs à l'*Architecture* ; je dis relatifs à l'*Architecture*, parce que mon but n'est pas ici de donner des principes *de figure* : je laisse cette partie aux *Peintres* & aux

Sculpteurs, je prétends feulement ici donner des *idées*, des *intentions*, des *croquis*, des *trophées*, des *figures* & *bas-reliefs*, pour faciliter aux jeunes *Architectes* la compofition de divers projets, fans avoir recours aux œuvres de LE PAUTRE & de LE CLERC, qui ont excellé dans cette partie ; mais les *Trophées*, les *Figures*, & les *Bas-reliefs* qu'ils donnent, font placés çà & là, au lieu qu'on trouve ici des idées en affez grand nombre dans un Ouvrage peu volumineux. On verra au premier coup d'œil, ce que ces *Trophées*, *Figures* & *Bas-reliefs* repréfentent ; il n'eft nullement néceffaire que nous entrions à cet égard dans aucun détail.

Fin de la feconde Partie.

L'Approbation & le Privilége fe trouvent à la fin de la premiere Partie.

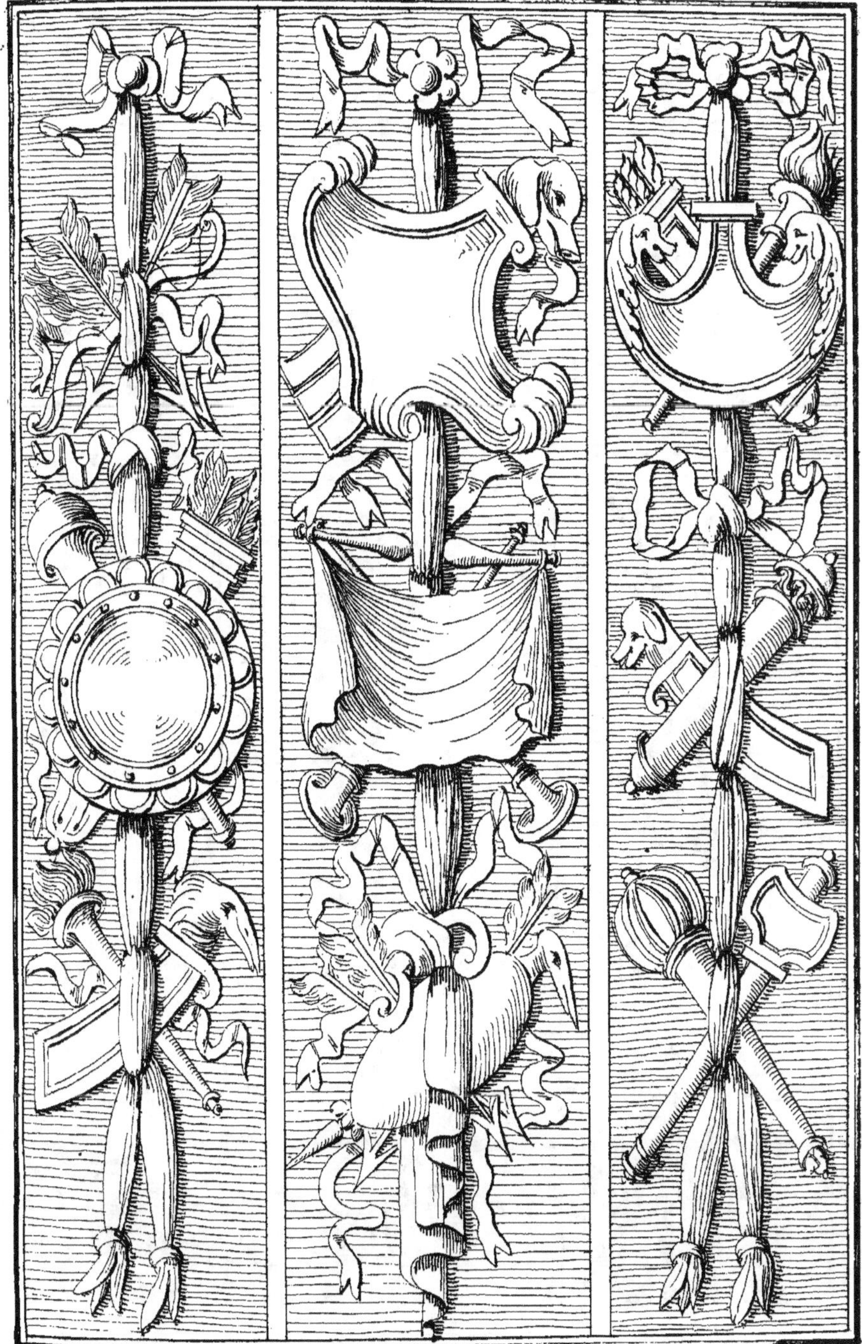

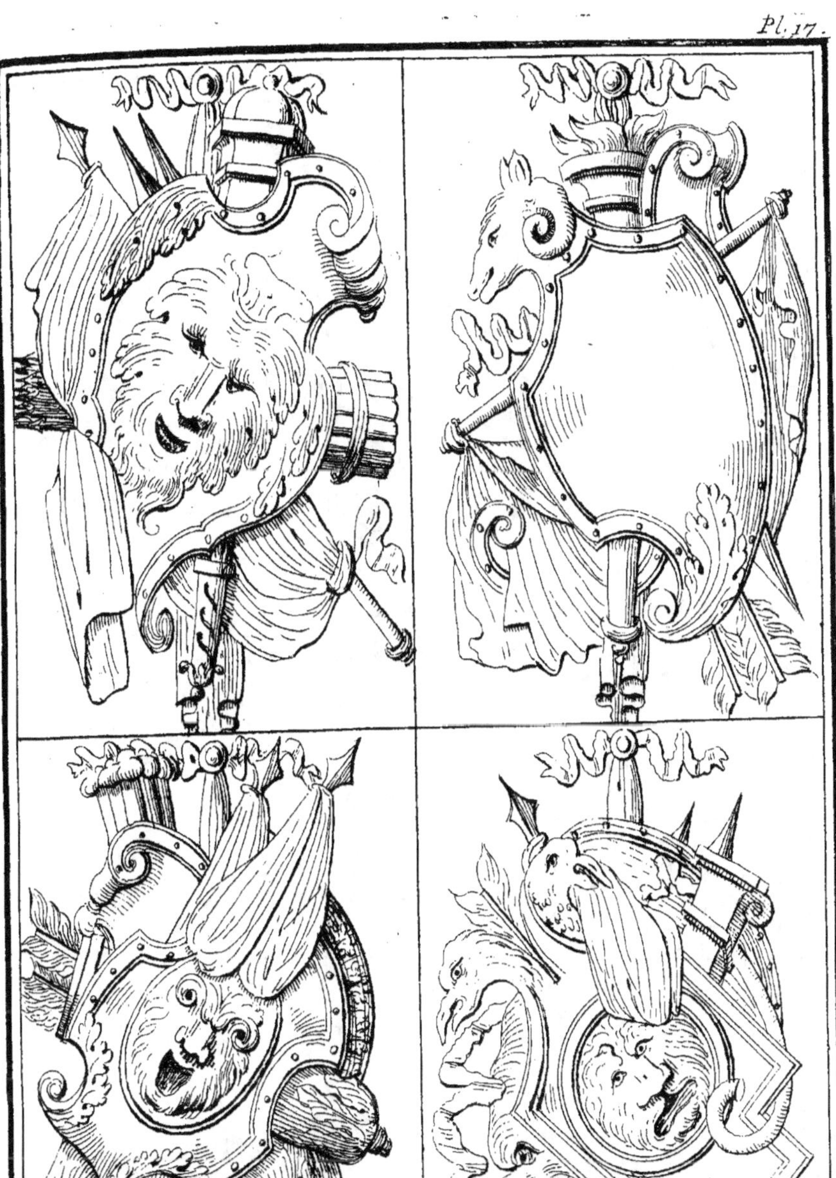

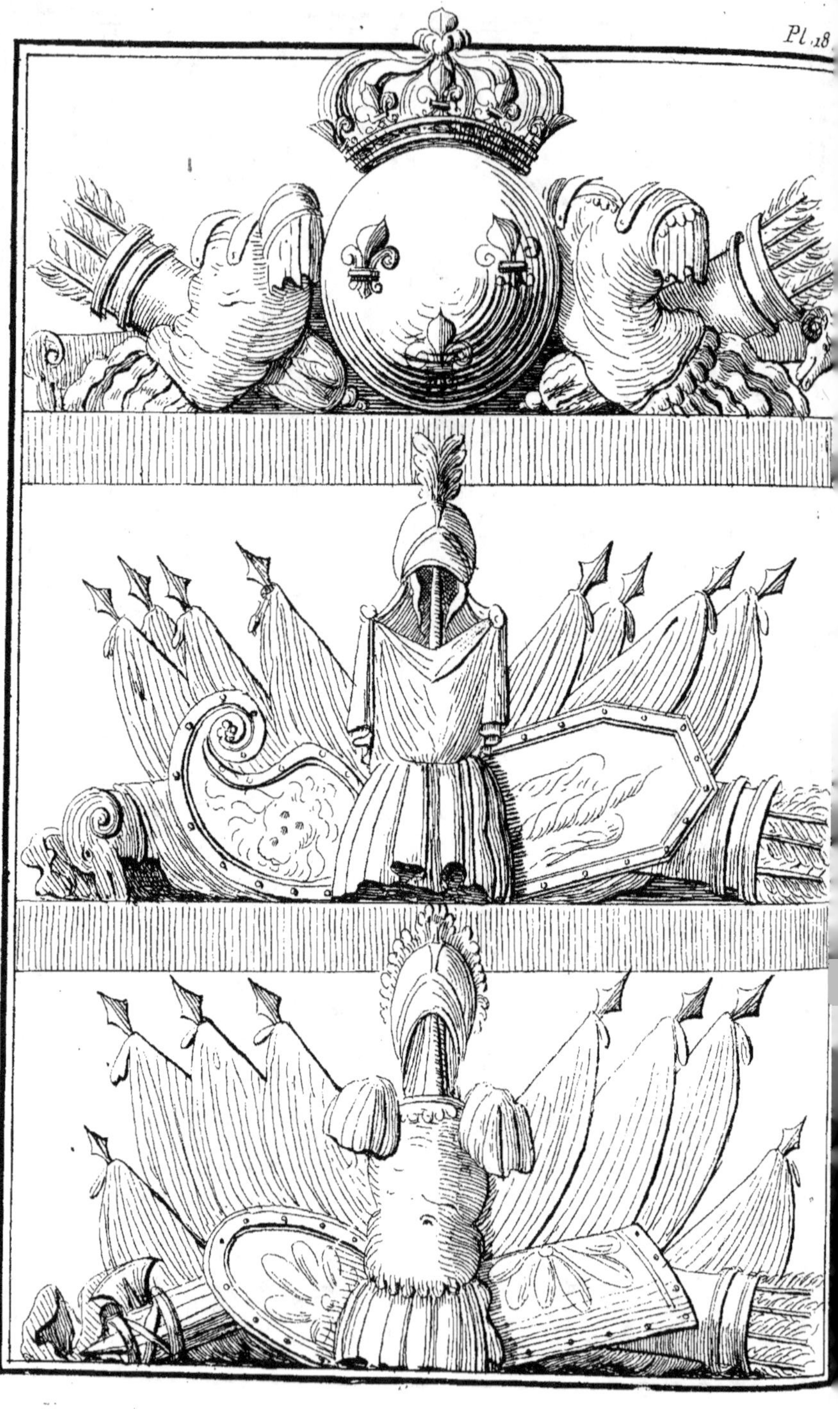

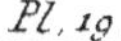

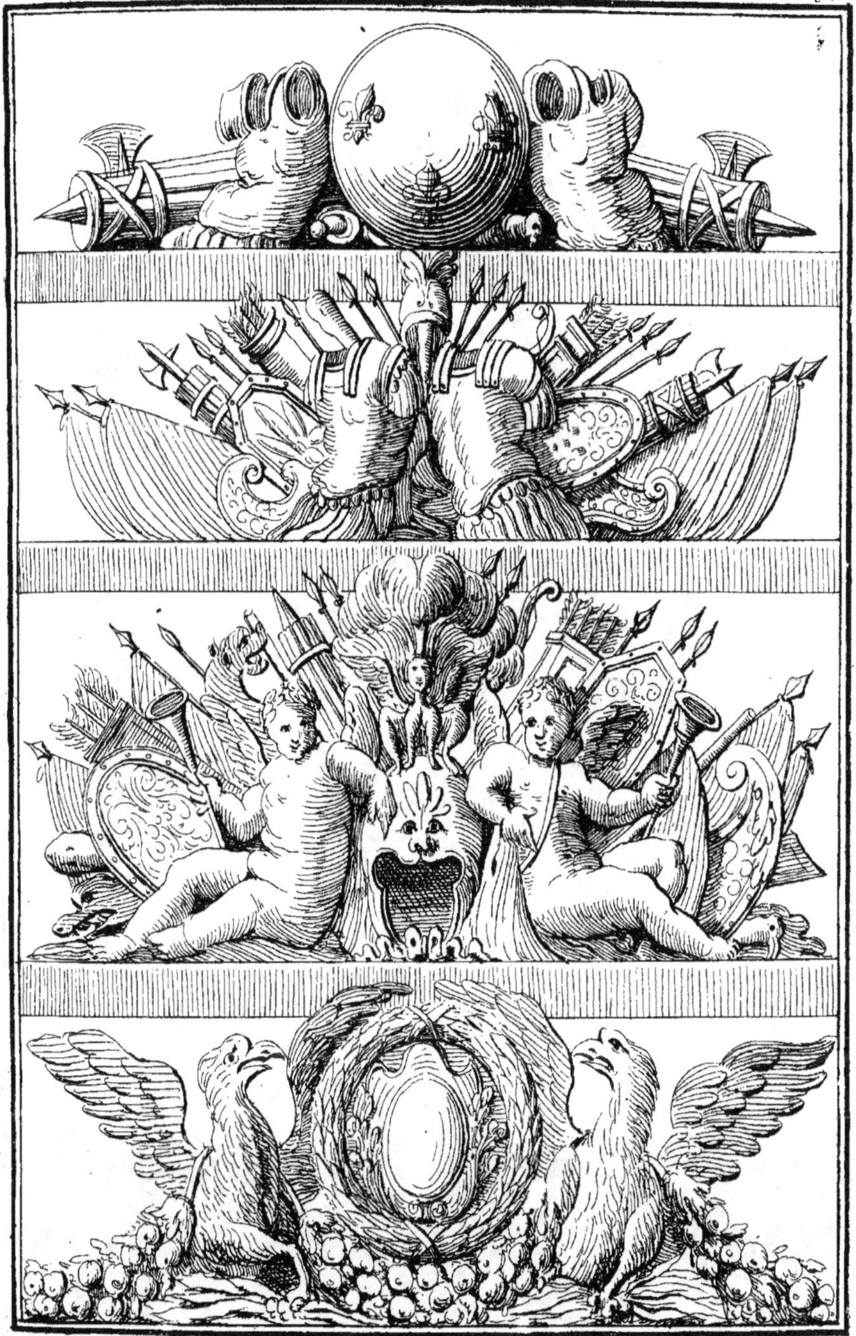

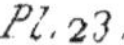

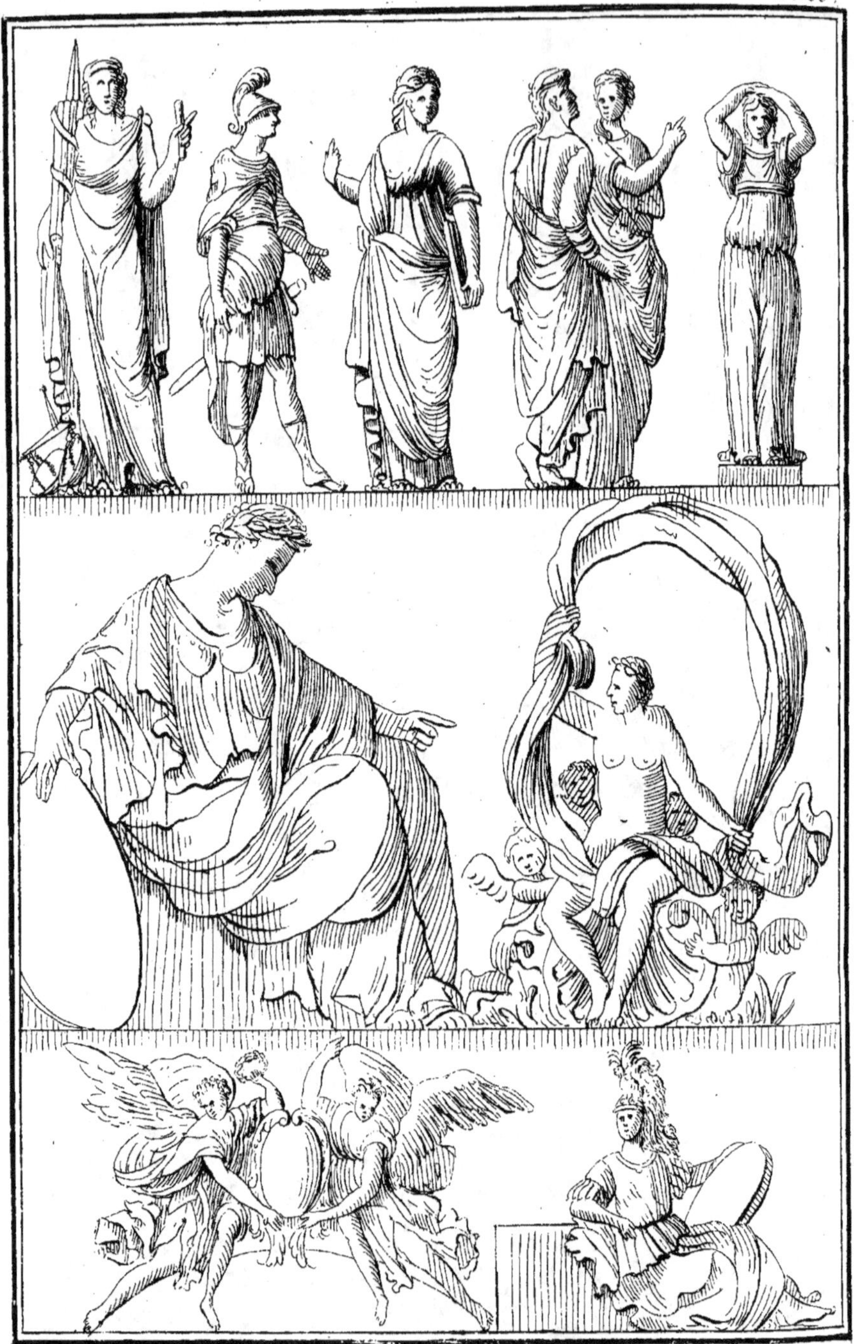

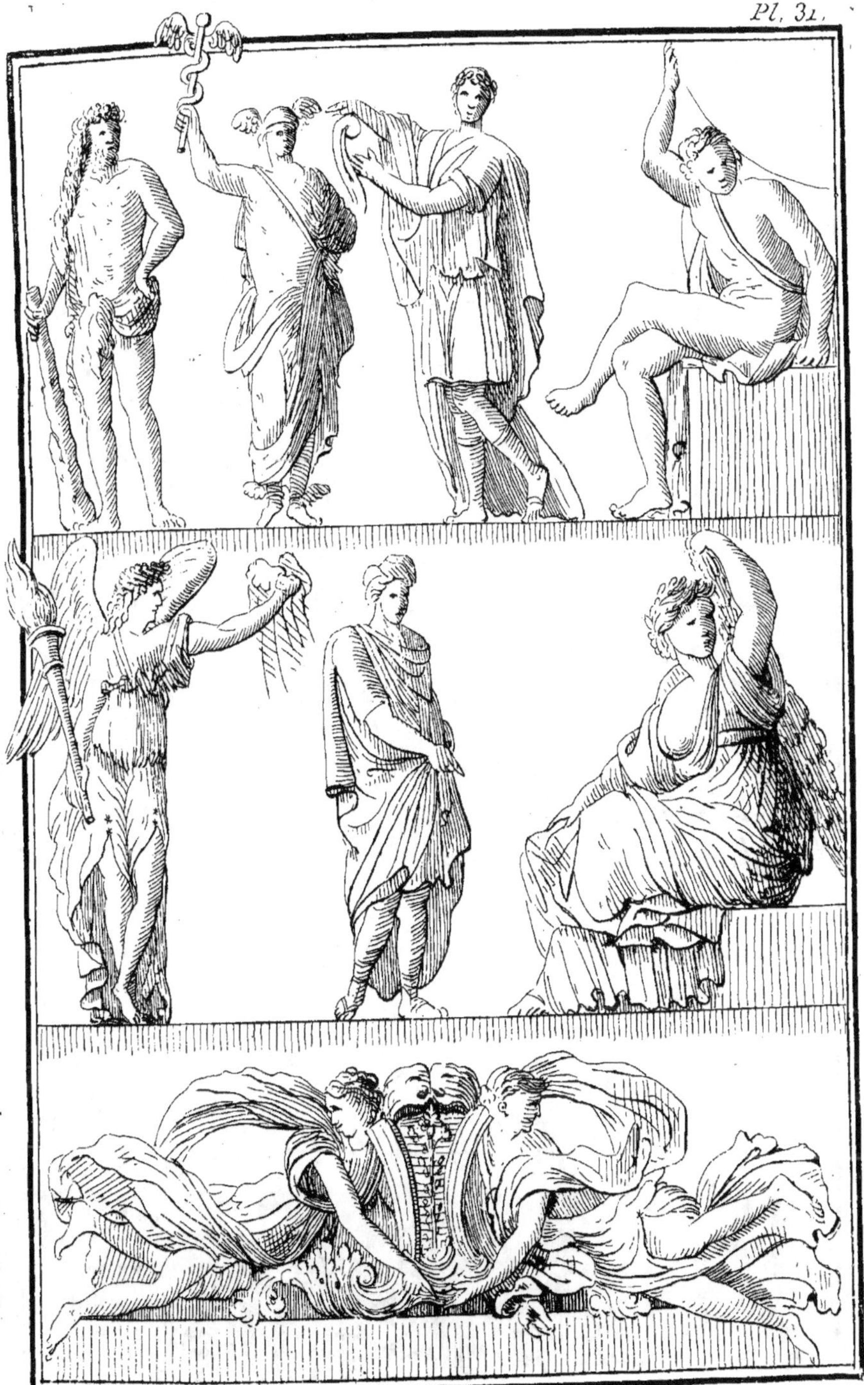

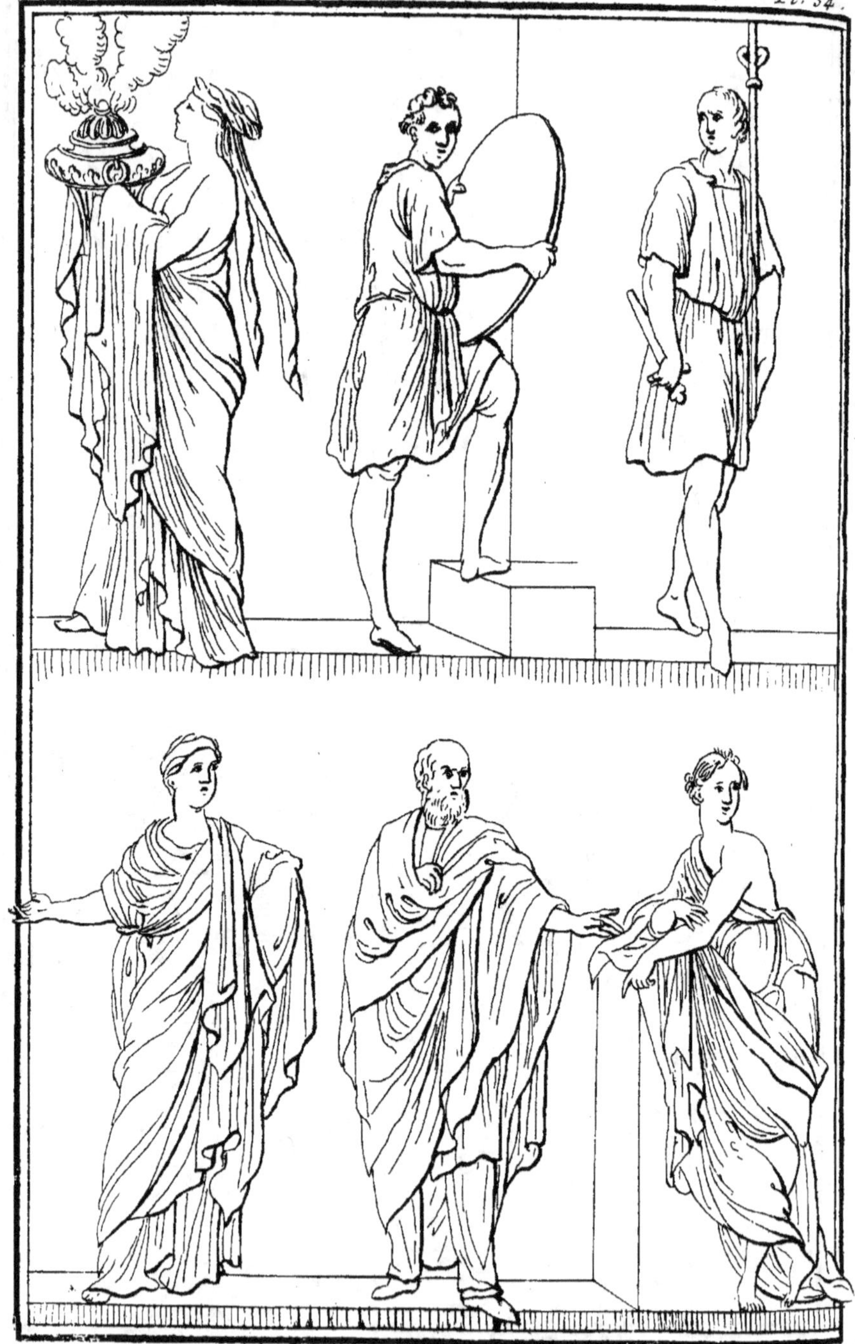

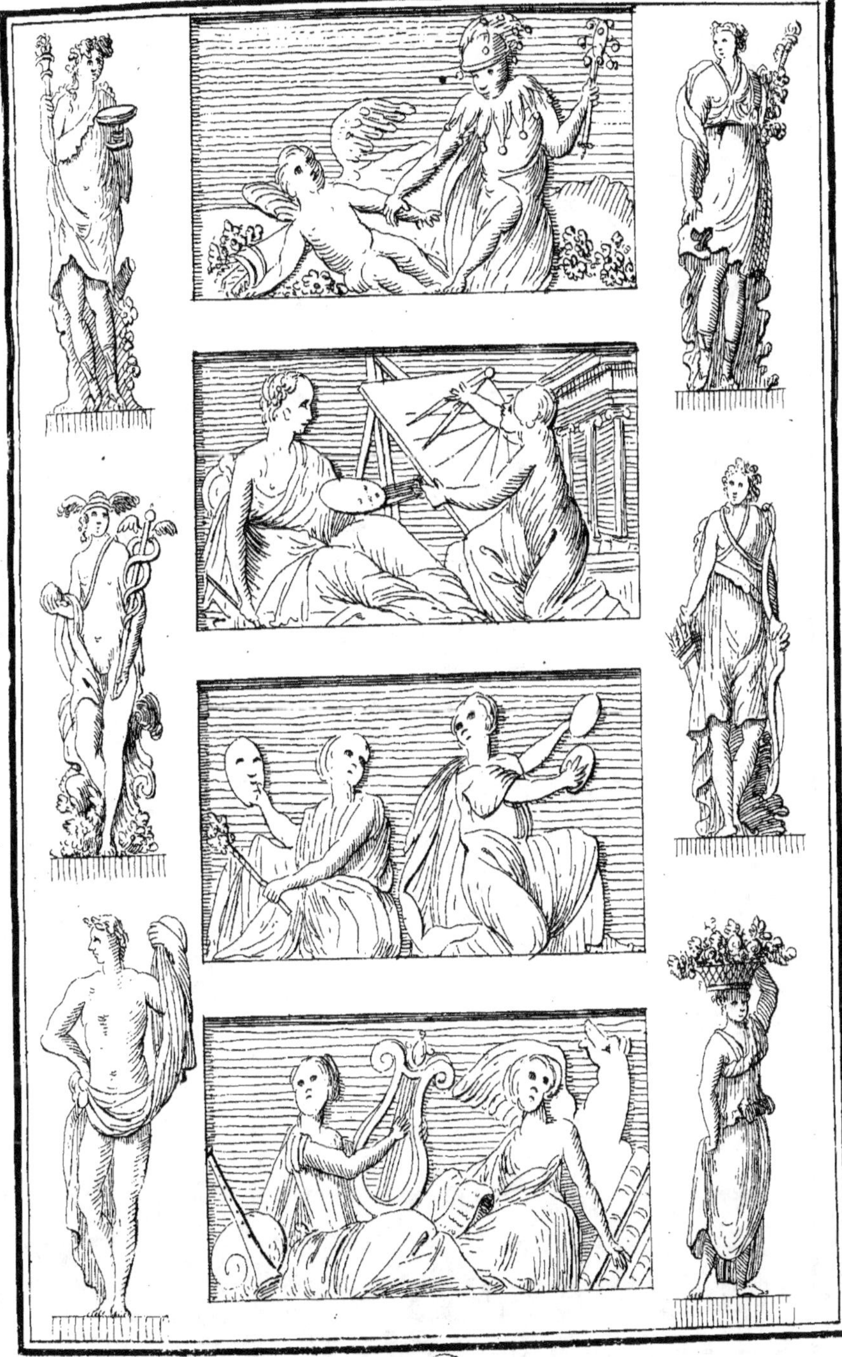